D1727676

Matthias Wassermann, Nico Simschek
Sportbootführerschein See kompakt

Matthias Wassermann
Nico Simschek

Sportbootführerschein See kompakt

2., überarbeitete Auflage

UVK Verlagsgesellschaft mbH · Konstanz und München

Bibliografische Information der Deutschen Bibliothek
Die Deutsche Bibliothek verzeichnet diese Publikation in der Deutschen
Nationalbibliografie; detaillierte bibliografische Daten sind im Internet über
<http://dnb.ddb.de> abrufbar.

ISBN 978-3-86764-490-7

Einbandgestaltung: Susanne Fuellhaus, Konstanz
Covermotiv: © Maxian, iStockphoto
Druck und Bindung: fgb · freiburger graphische betriebe, Freiburg

UVK Verlagsgesellschaft mbH
Schützenstraße 24 · 78462 Konstanz
Tel. 07531-9053-0 · Fax 07531-9053-98
www.uvk.de

Auf den deutschen Seeschifffahrtsstraßen ist für das Führen eines Sportbootes oder eines Wassersportmotorrades der Besitz des Sportbootführerscheins See vorgeschrieben.

Dieses Prüfungsvorbereitungsbuch ist aus den praktischen Erkenntnissen und Erfahrungen der Ausbildung zum Sportbootführerschein See aus unserem eigenen Schulungsbetrieb der AQUASAIL Wassersportschule entstanden.

Es vermittelt einfach, schnell und unkompliziert alle für die Prüfung zum Sportbootführerschein See erforderlichen Lerninhalte. Struktur und Inhalt sind auf den Online-Kurs SportbootführerscheinSee24, der im Internet unter www.sbfs24.com gebucht werden kann, abgestimmt.

Im Online-Kurs „SportbootführerscheinSee24" werden, ergänzend zu diesem Buch, die Inhalte mit modernsten Medien wie Online-Trainings und Lernvideos vermittelt. Ebenso besteht im Online-Kurs die Möglichkeit, mit den offiziellen und aktuellen Prüfungsfragen zum Sportbootführerschein See jedes einzelne Kapitel mit Erfolgs- und Lernfortschrittsmessung zu üben. Auch die Übungskarten für die Navigationsaufgaben samt Lösungen stehen als Download zur Verfügung.

Zur **Aktivierung Ihres kostenlosen 5-Tage-Zugangs** zum Online-Kurs SportbootführerscheinSee24 gehen Sie bitte auf die Internetseite http://www.sbfs24.com/kursuebersicht und wählen das 30-Tage-Angebot aus. Als Zahlungsart wählen Sie dann bitte „Überweisung" aus und schließen den Buchungsprozess ab. Sie erhalten innerhalb weniger Augenblicke eine automatisierte E-Mail mit Ihren Zugangsdaten. Bitte antworten Sie einfach auf diese Mail mit dem Text „5-Tage-Zugang für Käufer von SportbootführerscheinSee24 kompakt" und nennen Ihren **individuellen Code, den Sie auf Ihrem eingelegten Lesezeichen finden**. Durch diese Mitteilung kommt ausdrücklich keine kostenpflichtige Buchung des SportbootführerscheinSee24 zu Stande. Der kostenlose 5-Tage-Zugang ist sofort nach Aktivierung für 5 aufeinander folgende Tage aktiviert.

Wir wünschen Ihnen viel Erfolg bei der Prüfung zum Sportbootführerschein See. Wenn Sie Feedback zu diesem Buch haben, schicken Sie uns ein E-Mail an feedback@sbfs24.com.

Friedrichshafen, im Oktober 2013

Matthias Wassermann   Nico Simschek

AQUASAIL Wassersportschule www.aquasail.de

Benutzungshinweis QR-Codes:

 Per internetfähigem Smartphone können Sie die Lernvideos einfach und bequem durch Scannen des QR-Codes aufrufen. Alternativ können Sie die Videos unter http://www.sport-pruefung.de anschauen.

INHALT

Dieses Kapitel gibt Ihnen einen Überblick über das Revier der deutschen Küstengewässer, der deutschen Seeschifffahrtsstraßen und über die dort geltenden Rechtsverhältnisse.

Vor jeder Fahrt ist es wichtig, sich ausführlich mit dem Fahrtrevier, seinen Besonderheiten und den geltenden Regeln vertraut zu machen. Neben den Seekarten ist dazu auch der Einsatz weiterer Literatur, wie Seehandbücher, Gezeitenatlas und Leuchtfeuerverzeichnisse, sowie aktueller Informationen der zuständigen Behörden erforderlich.

Deutschland liegt geografisch sowohl an der Nord- als auch an der Ostsee. Der Nord-Ostsee-Kanal (NOK) verbindet diese Gewässer miteinander. Die folgenden Vorschriften regeln das Verhalten in diesen Revieren sowie auf den als „Seeschifffahrtsstraße" ausgewiesenen Fluss- und Kanalabschnitten.

VERKEHRSVORSCHRIFTEN, RECHTSNORMEN UND GELTUNGSBEREICH

Das Verhalten auf hoher See, im Küstenmeer und auf den deutschen Seeschifffahrtsstraßen ist in verschiedenen Vorschriften geregelt. Das Verhalten auf See ist zunächst grundsätzlich in den international gültigen Kollisionsverhütungsregeln (KVR) geregelt. Die Kollisionsverhütungsregeln gelten uneingeschränkt auf hoher See, also außerhalb der 12-Seemeilen-Zone.

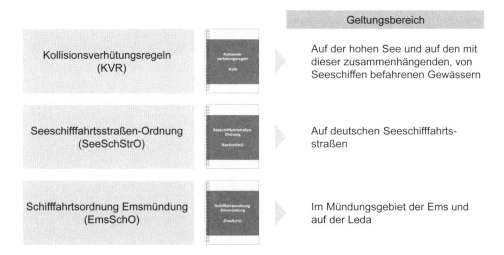

Abb. 1: Geltungsbereich Regelungen

Sie werden im Küstenbereich, auf Seeschifffahrtsstraßen und in diversen Häfen darüber hinaus durch nationale, regionale und lokale Regelwerke ergänzt. Kollidieren die Verhaltensvorschriften der Kollisionsverhütungsregeln mit in diesen Revieren ergänzend gültigen Regelungen, so gilt immer die ergänzende Vorschrift.

Folgende Vorschriften ergänzen die Kollisionsverhütungsregeln innerhalb der 12-Seemeilen-Zone:

▨ Seeschifffahrtsstraßen-Ordnung (SeeSchStrO). Diese ist national gültig auf den deutschen Seeschifffahrtsstraßen.

▨ Schifffahrtsordnung Emsmündung (EmsSchO). Diese ist regional gültig im Mündungsbereich der Ems, auf der Ems bis Papenburg und auf der Leda bis Leer.

▨ Weitere örtliche Sonderregelungen oder lokale Hafenordnungen.

FAHRWASSER UND SEESCHIFFFAHRTSSTRAßEN

Die folgende Abbildung zeigt die Unterscheidung von Fahrwasser, Hoher See, Küstenmeer und Seeschifffahrtsstraßen. Diese Begriffe sind wie folgt zu unterscheiden:

▨ „Fahrwasser" sind Wasserflächen, die durch sogenannte Lateralzeichen gekennzeichnet sind. Mehr zu den Lateralzeichen erfahren Sie in Kapitel 8 „Betonnung".

▨ Unter „Hohe See" werden Wasserflächen außerhalb der 12-Seemeilen-Zone verstanden.

▨ Das „Küstenmeer" sind alle Wasserflächen innerhalb der 12-Seemeilen-Zone.

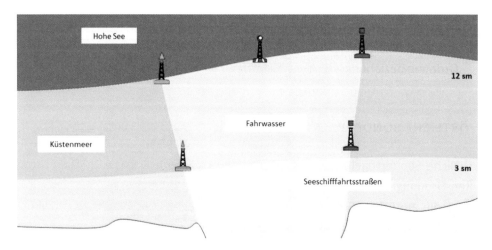

Abb. 2: Unterscheidung Gewässer

Seeschifffahrtsstraßen sind in den jeweiligen Paragraphen 1 der Seeschifffahrts-straßen-Ordnung (SeeSchStrO) und der Einführungsverordnung zur Schifffahrts-ordnung Emsmündung (EmsSchO) definiert. Demnach sind Seeschifffahrtsstra-ßen:

- die 3-Seemeilen-Zone, das sind 3 Seemeilen von der Küste seewärts und

- Wasserflächen innerhalb der ganzen Küstengewässerzone, das sind 12 See-meilen seewärts, die durchgehend durch Fahrwasserseitenbezeichnungen begrenzt oder gekennzeichnet sind, die sogenannten „Fahrwasser", sowie

- Wasserflächen landeinwärts der Flussmündungen, auch nicht gekennzeich-nete Wasserflächen, die für die durchgehende Schifffahrt bestimmt sind.

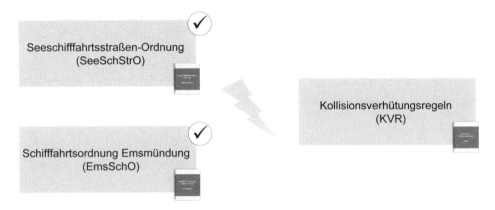

Abb. 3: Regelungen KVR und andere Regelungen

Wichtig: Steht eine Bestimmung der Seeschifffahrtsstraßen-Ordnung oder der Schifffahrtsordnung Emsmündung mit den Kollisionsverhütungsregeln im Widerspruch, dann gilt stets die Vorschrift der Seeschifffahrtsstraßen-Ordnung beziehungsweise der Schifffahrtsordnung Emsmündung.

ÖRTLICHE SONDERREGELUNGEN

Örtliche Sonderregelungen ergänzen die Vorschriften der Seeschifffahrtsstra-ßen-Ordnung und der Schifffahrtsordnung Emsmündung. Dies sind insbeson-dere die amtlichen Bekanntmachungen der Wasser- und Schifffahrtsdirektio-nen WSD Nord und WSD Nordwest zur Seeschifffahrtsstraßen-Ordnung und zur Schifffahrtsordnung Emsmündung. Diese werden im Internet unter www.wsd-nord.wsv.de veröffentlicht.

Diese beinhalten Sonderregelungen und aktuelle Hinweise für die einzelnen Seeschifffahrtsstraßen, sowie besondere Fahrregeln und Verbote.

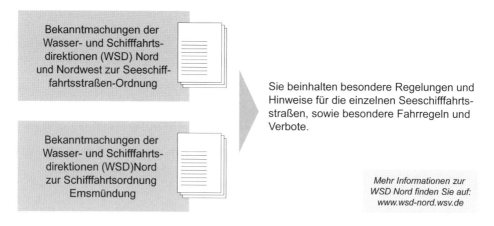

Abb. 4: Veröffentlichungen örtliche Sonderregelungen

NACHRICHTEN UND BEKANNTMACHUNGEN FÜR SEEFAHRER

Wichtige Informationsquellen, die vor jeder Fahrt zu beachten und für die Navigation relevant sind, sind die

▦ Nachrichten für Seefahrer (NfS) und

▦ die Bekanntmachungen für Seefahrer (BfS).

Sie enthalten alle aktuellen Informationen über Veränderungen der Betonnung und Befeuerung, von Untiefen und Wracks. Zusätzlich enthalten sie auch andere, die Schifffahrt möglicherweise einschränkende Ereignisse und Fakten.

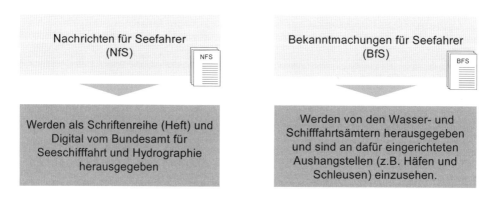

Abb. 5: Nachrichten für Seefahrer und Bekanntmachungen für Seefahrer

Die Nachrichten für Seefahrer (NfS) werden wöchentlich als Schriftenreihe und digital vom Bundesamt für Seeschifffahrt und Hydrographie (BSH) herausgegeben.

Bei den Bekanntmachungen für Seefahrer (BfS) handelt es sich um lokale Informationen, die von den am jeweiligen Ort zuständigen Wasser- und Schifffahrtsämtern herausgegeben werden. Die Bekanntmachungen für Seefahrer werden an Aushangstellen, beispielsweise in Häfen und an Schleusen öffentlich zugänglich gemacht.

NORD-OSTSEE-KANAL

Der knapp 100 Kilometer lange Nord-Ostsee-Kanal (NOK) verbindet die Ostsee (Kieler Förde) mit der Nordsee (Elbmündung). Der Kanal ist eine der meistbefahrenen künstlichen Wasserstraßen der Welt.

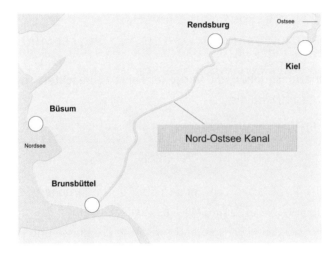

Abb. 6: Übersicht Nord-Ostsee-Kanal

Aufgrund des hohen Verkehrsaufkommens und der beschränkten Platzverhältnisse gelten für die Einfahrt, Ausfahrt und Durchfahrt des Nord-Ostsee-Kanals besondere Vorschriften.

Diese sind im Abschnitt „Ergänzende Vorschriften für den Nord-Ostsee-Kanal" der Seeschifffahrtsstraßen-Ordnung und in den Bekanntmachungen der WSD Nord zur Seeschifffahrtsstraßen-Ordnung geregelt.

Im Wesentlichen gelten folgende Regelungen für den Nord-Ostsee-Kanal:

▦ Das Befahren des Nord-Ostsee-Kanals ist Sportbooten nur während der von der WSD Nord bekannt gemachten Tageszeiten erlaubt.

▦ Bei verminderter Sicht ist die Durchfahrt grundsätzlich nicht erlaubt.

▦ Die Höchstgeschwindigkeit beim Befahren des Kanals beträgt grundsätzlich 15 Kilometer pro Stunde.

▦ Im Kanal muss so weit als möglich rechts gefahren werden. An bestimmten Streckenabschnitten ist ein Mindestabstand zum Ufer einzuhalten. Dieser ist dann durch entsprechende Sichtzeichen angegeben.

▦ Werden Schiffe passiert, ist wegen der dabei auftretenden Sogwirkung besondere Vorsicht geboten.

▦ Segeln, Wasserskilaufen, Wassermotorradfahren und Segelsurfen ist auf dem Nord-Ostsee-Kanal grundsätzlich verboten.

EINFAHREN IN DEN NORD-OSTSEE-KANAL

In den Kanal darf nur eingefahren werden, wenn der Signalmast auf der Schleuseneinfahrt ein unterbrochenes weißes Licht zeigt.

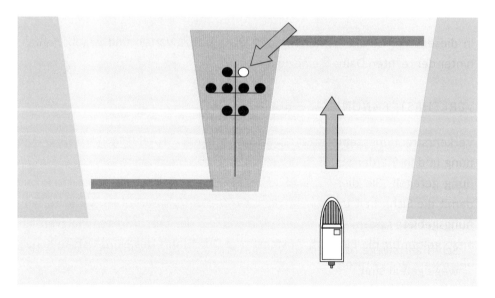

Abb. 7: Einfahren in den Nord-Ostsee-Kanal

Das Signal wird auf der Seite des Signalmastes angezeigt, auf der die Einfahrt erfolgt.

AUSFAHREN AUS DEM NORD-OSTSEE-KANAL

Wenn im Kanal an einem Weichensignalmast drei unterbrochene rote Lichter untereinander angezeigt werden, ist das Ausfahren für alle Fahrzeuge verboten.

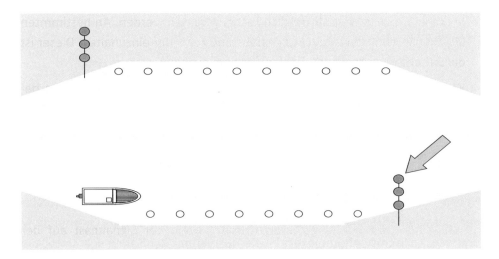

Abb. 8: Ausfahren aus dem Nord-Ostsee-Kanal

In diesem Fall ist die Aufhebung des Signals abzuwarten und gegebenenfalls hinter der rechten Dalbenreihe zu warten.

VERKEHRSTRENNUNGSGEBIETE

Verkehrstrennungsgebiete (VTG) sind in § 1 der Seeschifffahrtsstraßen-Ordnung und in § 1 der Einführungsverordnung zur Schifffahrtsordnung Emsmündung geregelt. Sie dienen dazu, entgegengesetzten Verkehr zu trennen und damit die Sicherheit und Leichtigkeit des Verkehrs zu erhöhen. Verkehrstrennungsgebiete sind:

▪ Schifffahrtswege, die durch Trennungslinien oder Trennzonen in Einbahnwege geteilt sind.

▪ Sie dürfen jeweils nur in der Fahrtrichtung rechts der Trennlinie oder Trennzone befahren werden.

Wichtig: Wie Sie sich in Verkehrstrennungsgebieten verhalten, erfahren Sie in Kapitel 2: „Allgemeine Verhaltensregeln".

GRUNDREGELN FÜR DAS VERHALTEN IM VERKEHR

Die Regelwerke der Seeschifffahrtsstraßen-Ordnung, die Einführungsverordnung der Schifffahrtsordnung Emsmündung und die Verordnung zu den Kollisionsverhütungsregeln enthalten gleichsam die folgenden wichtigen Verhaltensgrundregeln.

Es ist wichtig, dass

▨ die Sicherheit und Leichtigkeit des Verkehrs jederzeit gewährleistet ist,

▨ kein anderer Verkehrsteilnehmer geschädigt, gefährdet, unnötig behindert oder belästigt wird,

▨ stets alle Vorsichtsmaßnahmen beachtet werden, die Seemannsbrauch oder besondere Umstände des Falles erfordern. Unter Seemannsbrauch versteht man hierbei die richtige seemännische Verhaltensweise.

Neben den Verhaltensregelungen sind weitere wesentliche Regelungsinhalte der Seeschifffahrtsstraßen-Ordnung, der Schifffahrtsordnung Emsmündung und den Kollisionsverhütungsregeln die Ausrüstung der Fahrzeuge sowie die Anordnung und Anbringung von

▨ Navigationslichtern (Positionslaternen),

▨ Sichtzeichen (Flaggen, Tafeln, Lichter), und

▨ Schallsignalanlagen.

Wenn unter deutscher Flage gefahren wird, ist zu beachten, dass nur Positionslaternen, Sichtzeichen und Schallsignalanlagen, deren Baumuster vom Bundesamt für Hydrographie (BSH) zur Verwendung zugelassen sind, verwendet werden dürfen.

VERHALTENSREGELUNGEN BEI GEFAHRENSITUATIONEN

Es gibt neben der Seeschifffahrtsstraßen-Ordnung und der Schifffahrtsordnung Emsmündung zwei weitere Vorschriften, die das Verhalten nach einer Kollision und bei anderen schaden- oder gefahrdrohenden Ereignissen ergänzend regeln.

Diese sind:

▨ Seesicherheitsuntersuchungsgesetz (SUG)

▨ Verordnung über die Sicherung zur Seefahrt.

Nach einer Kollision beziehungsweise einem Zusammenstoß ist unbedingt Erste Hilfe zu leisten.

Die Beteiligten müssen solange am Unfallort bleiben, bis für alle Beteiligten und Betroffenen das Verlassen der Unfallstelle gefahrlos möglich ist und keine Hilfe mehr erforderlich ist. Vor der Weiterfahrt sind die erforderlichen Personen-, Boots- und gegebenenfalls Versicherungsdaten auszutauschen. Der Unfallhergang und die eingeleiteten Maßnahmen sind im Logbuch einzutragen.

Nach dem Seesicherheitsuntersuchungsgesetz ist im Falle eines schaden- oder gefahrdrohenden Vorkommnisses unbedingt Folgendes zu unternehmen:

- Das schaden- oder gefahrdrohende Vorkommnis ist unverzüglich der Bundesstelle für Seeunfalluntersuchung (BSU) in Hamburg zu melden.

- Dabei sind möglichst die in § 7 der Verordnung über die Sicherung der Seefahrt vorgeschriebenen Angaben auszutauschen:
  - o   Ort, Zeit und Verlauf des Vorkommnisses,
  - o   Art des Schadens und die Daten der beteiligten Fahrzeuge,
  - o   beteiligte Personen einschließlich Versicherungsdaten.

VERANTWORTUNG, EIGNUNG UND BEFÄHIGUNG FAHRZEUGFÜHRER

Auf den deutschen Seeschifffahrtsstraßen ist für das Führen eines Sportbootes oder eines Wassersportmotorrades der Besitz des Sportbootführerscheins See vorgeschrieben.

Ausgenommen hiervon sind Sportboote ohne Maschinenantrieb und Sportboote mit einer Antriebskraft an der Schraube von weniger als 11,03 Kilowatt bzw. 15 PS.

Für den Erwerb des Sportbootführerschein See sind körperliche und geistige Eignung erforderlich. Zusätzlich muss das Mindestalter von 16 Jahren und Zuverlässigkeit erfüllt sein. Die Eignung muss durch Vorlage eines ärztlichen Zeugnisses für Sportbootführerscheinbewerber nachgewiesen werde. Die Kenntnisse müssen in einer theoretischen und in einer praktischen Prüfung erbracht werden.

Verantwortlich für das Einhalten der Verkehrsvorschriften und der Sicherheit an Bord ist stets der Fahrzeugführer oder ein von ihm ernannter Stellvertreter.

> Wichtig: Sind mehrere Führerscheininhaber an Bord, ist vor Fahrtbeginn der verantwortliche Schiffsführer zu bestimmen.

Die Führung eines Sportbootes ist nicht gestattet, wenn

- Sie infolge körperlicher oder geistiger Mängel oder anderer Einschränkungen in der sicheren Führung des Fahrzeuges behindert sind,
- Sie infolge des Genusses alkoholischer Getränke oder anderer berauschender Mittel in der sicheren Führung behindert sind,
- Ihre Blutalkoholkonzentration 0,5 Promille oder höher ist.

UKW-FUNKANLAGE

Jeder Fahrzeugführer, dessen Fahrzeug mit einer UKW-Funkanlage ausgestattet ist, muss die von der Verkehrszentrale gegebenen Verkehrsinformationen und -unterstützungen abhören und berücksichtigen.

SEEMÄNNISCHE SORGFALTSPFLICHT

Unter dem Begriff der seemännischen Sorgfaltspflicht versteht man die Verpflichtung zur Beachtung von Vorsichtsregeln über die reinen Verkehrsvorschriften hinaus, die Seemannsbrauch oder besondere Umstände des Falles erfordern.

Dazu gehört insbesondere auch die Anwendung der Sicherheitsregeln, die unter anderem in der nautischen Veröffentlichung des Bundesamtes und Hydrographie (BSH) „Sicherheit im See- und Küstenbereich" enthalten sind.

> Das Regelwerk finden Sie unter
> http://www.sport-pruefung.de/download/sicherheitsregeln.pdf

Nachdem Sie das Kapitel „Rechtsverhältnisse und Revierkunde" bearbeitet haben, sollten Sie die folgenden Prüfungsfragen beantworten können. Die Antwortmöglichkeiten können Sie sich mit Ihrem kostenlosen Testzugang im Online-Kurs SportbootführerscheinSee24 (siehe Begleitwort) herunterladen.

- ■ Wo gelten die Kollisionsverhütungsregeln (KVR)?

- ■ Was gilt, wenn eine Bestimmung der Seeschifffahrtsstraßen-Ordnung (SeeSchStrO) mit den Kollisionsverhütungsregeln (KVR) im Widerspruch steht?

- ■ Welche Sportboote sind von der Fahrerlaubnispflicht auf den Seeschifffahrtsstraßen ausgenommen?

- ■ Wer ist für die Befolgung der Verkehrsvorschriften verantwortlich?

- ■ Was bedeutet „seemännische Sorgfaltspflicht"?

- ■ Welche Sicherheitsmaßnahmen hat der Fahrzeugführer im Rahmen seiner seemännischen Sorgfaltspflicht vor Fahrtantritt zum Schutze und für die Sicherheit der Personen an Bord zu treffen?

- ■ Welche Vorschriften regeln die Ausrüstung, Anordnung und Anbringung der Positionslaternen, Sichtzeichen und Schallsignalanlagen auf Fahrzeugen?

- ■ Welche Positionslaternen und Schallsignalanlagen dürfen auf Sportbooten unter deutscher Flagge verwendet werden?

- ■ Was sind „Verkehrstrennungsgebiete"?

- ■ Wo ist festgelegt, welche Wasserflächen Seeschifffahrtsstraßen sind?

- ■ Welche örtlichen Sondervorschriften zusätzlich zur Seeschifffahrtsstraßen-Ordnung (SeeSchStrO) und zur Schifffahrtordnung Emsmündung (EmsSchO) gibt es und was ist darin geregelt?

- ■ Was sind Fahrwasser im Sinne der Seeschifffahrtsstraßen-Ordnung (SeeSchStrO) und der Schifffahrtordnung Emsmündung (EmsSchO)?

- ■ Welche verkehrsrechtliche Verpflichtung hat ein Fahrzeugführer nach § 3 der Seeschifffahrtsstraßen-Ordnung (SeeSchStrO), dessen Fahrzeug mit einer UKW-Funkanlage ausgerüstet ist?

- ■ Welche Ausweichregeln gelten außerhalb des Fahrwassers?

- Bei welchem Signal dürfen Sportfahrzeuge in die Schleusen des Nord-Ostsee-Kanals einfahren?

- Wo findet man Regeln für das Durchfahren des Nord-Ostsee-Kanals (NOK)?

- Was bedeuten im Nord-Ostsee-Kanal an einem Weichensignalmast drei unterbrochene rote Lichter untereinander und was ist zu beachten?

- Welche Angaben enthalten die Nachrichten für Seefahrer (NfS) und die Bekanntmachungen für Seefahrer (BfS)?

- Wo erhält man Kenntnis über die Bekanntmachungen für Seefahrer (BfS)?

Dieses Kapitel gibt Ihnen sowohl einen Überblick über allgemeine und grundsätzliche Sicherheits- und Verhaltensregeln als auch über das Verhalten in Fahrwassern und Verkehrstrennungsgebieten.

VERHALTEN IM FAHRWASSER

Als Fahrwasser werden Wasserflächen bezeichnet, die durchgehend durch Fahrwasserseitenbezeichnungen, die so genannte Betonnung, gekennzeichnet sind. Mehr zum Thema Betonnung der Fahrwasser erfahren Sie in Kapitel 8 „Betonnung".

Aufgrund des hohen Verkehrsaufkommens in Fahrwassern sind zusätzliche Regelungen über die Regelungen der Kollisionsverhütungsregeln hinaus erforderlich. In einem Fahrwasser gelten deshalb die Vorfahrtsregeln der Seeschifffahrtsstraßen-Ordnung und die Ausweichregeln der Kollisionsverhütungsregeln. Die folgende Grafik zeigt, welche Bereiche als Fahrwasser bezeichnet werden.

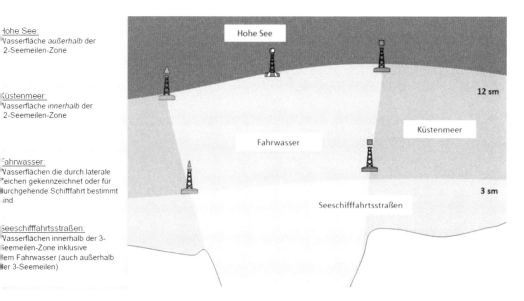

Hohe See:
Wasserfläche *außerhalb* der 2-Seemeilen-Zone

Küstenmeer:
Wasserfläche *innerhalb* der 2-Seemeilen-Zone

Fahrwasser:
Wasserflächen die durch laterale Zeichen gekennzeichnet oder für durchgehende Schifffahrt bestimmt sind

Seeschifffahrtsstraßen:
Wasserflächen innerhalb der 3-Seemeilen-Zone inklusive dem Fahrwasser (auch außerhalb der 3-Seemeilen)

Abb. 9: Fahrwasser

Außerhalb von Fahrwassern gelten die Ausweichregeln der Kollisionsverhütungsregeln.

RECHTSFAHRGEBOT

Innerhalb des Fahrwassers gilt wie im Land-Straßenverkehr das „Rechtsfahr-gebot". Jeder Verkehrsteilnehmer muss innerhalb des Fahrwassers grundsätz-lich so weit als möglich rechts fahren. Nur zum Zwecke des Überholens darf vorübergehend links gefahren werden.

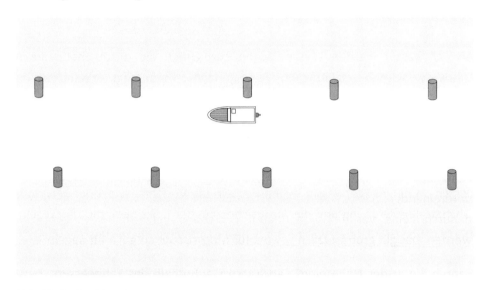

Abb. 10: Rechtsfahrgebot

LÄNGSFAHRER VOR QUERFAHRER

Fahrzeuge, die im Fahrwasser dem Fahrwasserverlauf folgen, haben unabhän-gig von ihrer Antriebsart Vorfahrt gegenüber

- in das Fahrwasser einlaufende Fahrzeuge,

- das Fahrwasser querende Fahrzeuge,

- im Fahrwasser drehende Fahrzeuge und

- Fahrzeugen, die ihren Anker- oder Liegeplatz verlassen.

Als querendes oder nicht dem Fahrwasserverlauf folgendes Fahrzeug gilt hier, wenn der Kurs über Grund (KüG) mehr als 10 Grad von der allgemeinen Ver-kehrsrichtung abweicht.

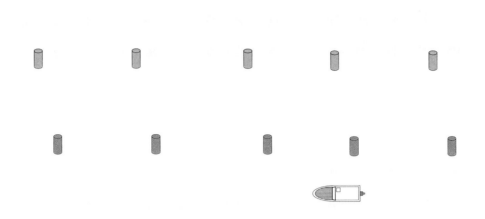

Abb. 11: Fahren außerhalb des Fahrwassers

Fahrzeuge, die nicht deutlich der Richtung eines Fahrwassers folgen, haben untereinander nach den Kollisionsverhütungsregeln auszuweichen, sofern dadurch keine vorfahrtsberechtigten Fahrzeuge gefährdet oder behindert werden. Das gilt grundsätzlich sowohl für Motorboote als auch für Segelboote.

Fahren Sie in der Nähe eines Fahrwassers außerhalb des Fahrwassers, muss klar erkennbar sein, dass Sie das Fahrwasser nicht benutzen.

Wenn Ihr Fahrzeug nicht über die technische Ausrüstung zur Ortung anderer Fahrzeuge und zur eigenen Positionsbestimmung im Fahrwasser ausgestattet ist, sollten Sie bei verminderter Sicht

- wenn möglich das Fahrwasser verlassen, gegebenenfalls Flachwassergebiete aufsuchen und ankern, bzw.
- wenn dies nicht möglich ist, sich im Fahrwasser vorsichtig äußerst rechts halten.

SEGELFAHRZEUGE IM FAHRWASSER

Segelfahrzeuge, die nicht deutlich der Richtung eines Fahrwassers folgen, haben untereinander nach den Kollisionsverhütungsregeln auszuweichen.

Dies gilt nur, wenn sie vorfahrtsberechtigte Fahrzeuge nicht gefährden oder behindern.

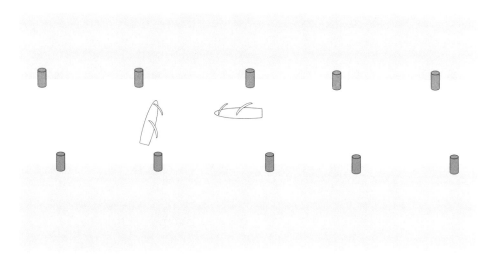

Abb. 12: Segelfahrzeuge im Fahrwasser

VORFAHRT UND WARTEPFLICHT AN ENGSTELLEN

An nicht für beide Fahrzeuge passierbaren Engstellen besteht grundsätzlich Wartepflicht für das nicht vorfahrtsberechtigte Fahrzeug. Die Wartebereitschaft des Fahrzeuges muss durch dessen Fahrverhalten klar erkennbar sein. Der Vorfahrtsberechtigte darf die Vorfahrt aber nicht erzwingen und muss, so der Wartepflichtige nicht wartet, ausweichen.

Des Weiteren ist Folgendes zu beachten:

- In tide- und strömungsfreien Gewässern hat grundsätzlich das Fahrzeug Vorfahrt, welches die Steuerbordseite des Fahrwassers (grüne Tonnenseite) befährt.

- In Gewässern mit Strömung und in Tidegewässern hat das mit dem Strom fahrende Fahrzeug Vorfahrt.

- Bei Stromstillstand hat dann das Fahrzeug Vorfahrt, welches zuvor gegen den Strom angefahren ist.

VERKEHRSTRENNUNGSGEBIETE

Verkehrstrennungsgebiete (VTG) sind in § 1 der Seeschifffahrtsstraßen-Ordnung und in § 1 der Einführungsverordnung zur Schifffahrtsordnung Emsmündung geregelt. Sie dienen dazu, entgegengesetzten Verkehr zu trennen und damit die Sicherheit und Leichtigkeit des Verkehrs zu erhöhen.

Verkehrstrennungsgebiete sind in den Seekarten eingetragen. Verkehrstrennungsgebiete sind

- Schifffahrtswege, die durch Trennungslinien oder Trennzonen in Einbahnwege geteilt sind.

- Sie dürfen jeweils nur in der Fahrtrichtung rechts der Trennlinie oder Trennzone befahren werden.

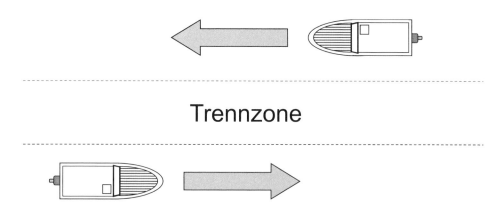

Abb. 13: Verkehrstrennungsgebiete

Da die Verkehrstrennungsgebiete seewärts der Seeschifffahrtsstraßen liegen, sind sie keine Fahrwasser nach der Seeschifffahrtsstraßen-Ordnung. Es herrscht auch hier Rechtsfahrgebot. Fahrzeuge sollten sich also so weit als möglich von der Trennlinie beziehungsweise Trennzone fern halten.

Achtung: In den Verkehrstrennungsgebieten wird nach den Regeln der Kollisionsverhütungsregeln ausgewichen.

Fahrzeuge mit einer Länge von unter 20 Metern dürfen die sichere Durchfahrt eines Maschinenfahrzeuges, welches im Verkehrstrennungsgebiet dem Einbahnweg folgt, nicht behindern.

QUEREN

Grundsätzlich ist das Queren eines Verkehrstrennungsgebietes, wenn möglich, zu vermeiden.

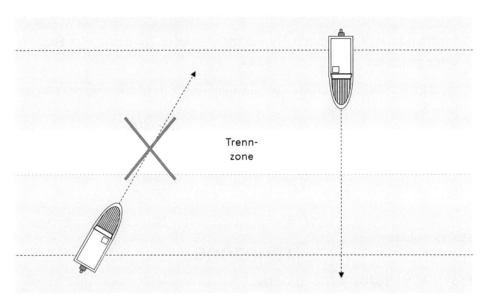

Abb. 14: Queren

Falls ein Verkehrstrennungsgebiet gequert werden muss, hat dies möglichst mit der Kielrichtung im rechten Winkel zur allgemeinen Verkehrsrichtung zu erfolgen. Die Kielrichtung des querenden Fahrzeugs muss auch dann einen rechten Winkel zur allgemeinen Verkehrsrichtung bilden, wenn das Fahrzeug durch Wind oder Strom versetzt wird.

EINLAUFEN UND AUSLAUFEN

In Verkehrstrennungsgebiete sollte idealerweise nur an den Enden des Einbahnweges eingelaufen beziehungsweise ausgelaufen werden. Ist dies nicht möglich, so hat dies bei einem seitlichen Ein- oder Auslaufen in einem möglichst kleinen Winkel zur allgemeinen Verkehrsrichtung zu erfolgen.

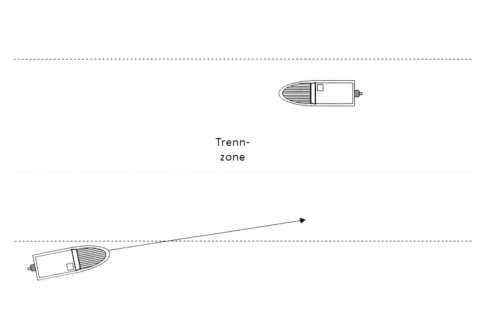

Abb. 15: Einlaufen

FESTMACHEN UND STILLLIEGEN

Unter dem Begriff Festmachen versteht man ein Boot an Land mit Tauen, bei-spielsweise an einem Steg, kurzzeitig zu sichern oder zu verbinden. Soll ein Fahrzeug längere Zeit, darunter versteht man mehr als 24 Stunden, an dersel-ben Stelle festgemacht werden, spricht man von Liegen oder Stillliegen.

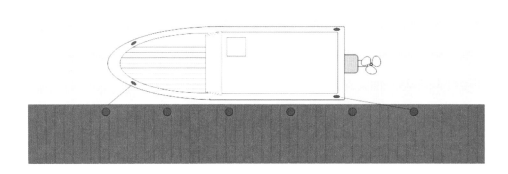

Abb. 16: Festmachen und Stillliegen

Ein Fahrzeug ist so festzumachen, dass es sicher liegt und sich nicht losreißen kann. Wind, Strom und Wasserstandsänderungen sind gerade bei längerer Liegedauer oder bei Gezeitengewässern zu berücksichtigen.

Wenn Sie ein festgemachtes Fahrzeug für längere Zeit verlassen, ist darüber hinaus zu beachten, dass der Hauptschalter des Bordnetzes auszuschalten und alle Seeventile zu schließen sind.

FESTMACH- UND LIEGEVERBOT

Das Festmachen oder Stillliegen ist in folgenden Bereichen verboten:

- an Sperrwerken, Strombauwerken, Leitwerken, Pegeln sowie an festen und schwimmenden Schifffahrtszeichen,

- an engen Stellen und in unübersichtlichen Krümmungen,

- vor Hafeneinfahrten und an Anlegestellen, die nicht für Sportboote bestimmt sind,

- innerhalb von Fähr- und Brückenstrecken und

- an Stellen, die durch die Sichtzeichen „Festmacheverbot" und „Liegeverbot" gekennzeichnet sind.

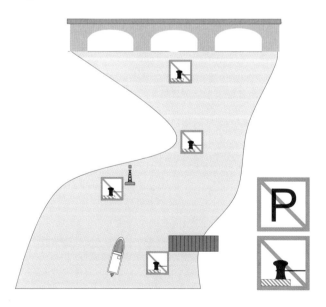

Abb. 17: Verbot Festmachen und Stillliegen

ANKERN

Das Mitführen eines Ankers ist für jedes Schiff vorgeschrieben. Vor dem Festmachen vor Anker ist zu prüfen, ob die Wassertiefe und der Untergrund dafür geeignet sind. Informationen über den Untergrund und die Wassertiefe sind der Seekarte zu entnehmen.

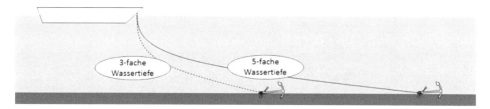

Abb. 18: Ankern

Beim Ankern ist eine ausreichende Länge der Ankerkette beziehungsweise Ankerleine erforderlich. Die Faustformel ist, dass die Ankerkette mindestens der 3-fachen Wassertiefe entsprechen sollte, beim Verwenden einer Ankerleine mindestens der 5-fachen Wassertiefe.

> Beispiel: Wenn Sie an einer Stelle mit vier Meter Wassertiefe ankern wollen, sollten Sie eine Ankerkette mit mindestens 12 m oder eine Ankerleine mit mindestens 20 m Länge verwenden.

Beim Ankern ist grundsätzlich zu prüfen, ob der Anker fest im Grund greift. Um dies zu erkennen, sollten Sie die Hand auf die Ankerkette oder Ankerleine legen. Wenn kein „Rucken" erkennbar ist, hält der Anker.

Eine weitere Möglichkeit zu prüfen ob der Anker hält, ist die sogenannte Ankerpeilung. Hierbei peilt man vom Schiff aus mit dem Peilkompass eines oder mehrere Objekte mehrfach an. Ergeben die wiederholten Kontrollpeilungen stets die gleiche Position, dann hält der Anker. Das Peilen lernen Sie in Kapitel 9 „Navigation".

ANKERVERBOT

Das Liegen vor Anker ist an folgenden Stellen verboten:

- im Fahrwasser,
- an engen Stellen und in unübersichtlichen Krümmungen,

- im Umkreis von 300 m von schwimmenden Geräten, Wracks und sonstigen Schifffahrtshindernissen,

- vor Hafeneinfahrten, Anlegestellen, Schleusen und Sielen sowie in den Zu- fahrten zum Nord-Ostsee-Kanal,

- innerhalb von Fähr- und Brückenstrecken,

- 300 Meter vor und hinter Ankerverbotszeichen.

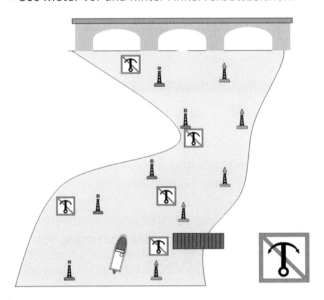

Abb. 19: Verbot des Ankerns

ANKERTYPEN

Es gibt verschiedene Arten von Ankern. Diese unterscheiden sich hinsichtlich ihrer Bauart, ihres Gewichtes und der Anzahl ihrer Pflugen. Je nach Untergrund sind die verschiedenen Ankertypen besser oder schlechter geeignet.

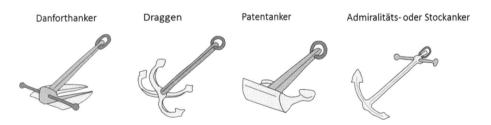

Abb. 20: Ankertypen

Die gängigsten Ankertypen sind:

▪ Danforthanker: Der Danforthanker ist der leichteste der üblichen Ankertypen. Er ist durch seine großen und breiten Pflugen gekennzeichnet. Er ist zum Ankern auf sandigem oder schlickem Grund geeignet.

▪ Draggen: Der Draggen ist ein Universalanker mit vier Pflugen. Beim Ankern greifen immer zwei Pflugen. Ihn gibt es auch als klappbare Ausführung, den so genannten Schirmanker. Der Draggen ist für jeden Grund geeignet.

▪ Patentanker: Der Patentanker ist ein mit zwei Pflugen ausgestatteter schwerer Anker. Er ist für jeden Grund geeignet.

▪ Admiralitäts- oder Stockanker: Der Admiralitäts- oder Stockanker ist die älteste Ankerart. Er verfügt über zwei Pflugen, wobei sich der Anker dabei nur mit einer Pfluge im Grund festsetzt.

BRÜCKEN, SCHLEUSEN UND SPERRWERKE

Entstehen durch Brücken, Schleusen und Sperrwerke Engstellen, so hat der Wartepflichtige vor diesem Hindernis in ausreichender Entfernung vor dem Halteschild zu warten.

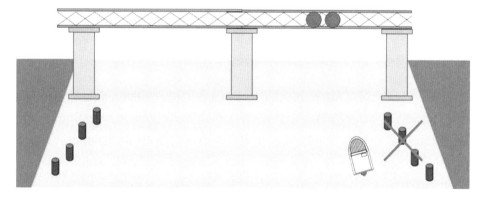

Abb. 21: Brücken, Schleusen und Sperrwerke

Dabei darf das Fahrzeug weder an Leitwerken noch an Abweisdalben festgemacht werden.

WASSERSPORTGERÄTE UND WASSERMOTORRÄDER

Der Begriff Wassermotorräder fasst motorisierte Wassersportgeräte wie beispielsweise Wasserbob, Wasserskooter, Jetbike, Jetski und gleichartige Wassersportgeräte zusammen.

Abb. 22: Wasserskifahren

Der Einsatz dieser Wassersportgeräte ist ebenso wie das Wasserskifahren, also das Schleppen eines Wasserskiläufers mit einem Sportboot und die Benutzung von Kite- oder Segelsurfbrettern, nur eingeschränkt möglich. Zusammenfassend ist dies nur in folgenden Gebieten erlaubt:

- außerhalb des Fahrwassers, wenn es nicht von der Wasser- und Schifffahrtsdirektion durch Bekanntmachung verboten ist,

- im Fahrwasser auf Abschnitten, die durch die Wasser- und Schifffahrtsdirektion bekannt gemacht oder durch blaue Tafeln mit dem weißen Symbol eines Wasserskiläufers, eines Wassermotorrades oder eines Segelsurfers bezeichnet sind.

Nachdem Sie das Kapitel „Allgemeine Verhaltensregeln" bearbeitet haben, sollten Sie die folgenden Prüfungsfragen beantworten können. Die Antwortmöglichkeiten können Sie sich mit Ihrem kostenlosen Testzugang im Online-Kurs SportbootführerscheinSee24 (siehe Begleitwort) herunterladen.

- Was ist zu tun, wenn vor Antritt der Fahrt nicht feststeht, wer Fahrzeugführer ist?

- In welchen Fällen darf weder ein Sportboot geführt noch dessen Kurs oder Geschwindigkeit selbstständig bestimmt werden?

- Wie viel Ankerkette bzw. Ankerleine soll man unter günstigen Verhältnissen beim Ankern an einem geschützten Ankerplatz ausstecken?

- Woran kann man erkennen, ob der Anker hält?

- Welche Vorkehrungen sind für das längere Verlassen des Fahrzeugs zu treffen?

- Wie ist ein enges Gewässer zu befahren, wenn man sich am Ufer festgemachten Fahrzeugen nähert?

- Wie sind Verkehrstrennungsgebiete zu befahren?

- Was bedeutet „in Sicht befindlich"?

- Was bedeutet sichere Geschwindigkeit?

- Was ist bei der Benutzung eines Verkehrstrennungsgebietes zu beachten?

- Was ist hinsichtlich des Querens eines Verkehrstrennungsgebietes zu beachten?

- In welcher Vorschrift findet man die Regeln zum Befahren von Verkehrstrennungsgebieten?

- Wie hat sich ein Maschinenfahrzeug bei Kollisionsgefahr in einem Einbahnweg eines Verkehrstrennungsgebietes gegenüber einem Maschinenfahrzeug zu verhalten, das den Einbahnweg von Steuerbord kommend quert?

- Wie hat sich ein Segelfahrzeug beim Queren eines Verkehrstrennungsgebietes gegenüber einem Maschinenfahrzeug zu verhalten, das auf einem Einbahnweg in der allgemeinen Verkehrsrichtung fährt?

- Wie haben sich Fahrzeuge von weniger als 20 Meter Länge oder Segelfahrzeuge in Verkehrstrennungsgebieten zu verhalten?

- Welches ist – außer in Wattgebieten – die Steuerbordseite eines Fahrwassers?

- Wie haben sich Fahrzeuge zu verhalten, die in ein Fahrwasser einlaufen, ein Fahrwasser queren, im Fahrwasser drehen oder ihre Anker- und Liegeplätze verlassen?

- Wie haben Segelfahrzeuge im Fahrwasser, die nicht deutlich der Richtung eines Fahrwassers folgen, untereinander auszuweichen?

- Wo ist das Überholen verboten?

- Wo darf Wasserski gelaufen, Wassermotorrad oder mit einem Segelsurfbrett gefahren werden?

- Wie haben sich Führer von Zugbooten der Wasserskiläufer bzw. Wassermotorradfahrer und Segelsurfer bei der Annäherung an andere Fahrzeuge zu verhalten?

- Wo ist das Ankern verboten?

- Wie hat man seine Fahrweise im Fahrwasser bei verminderter Sicht aufgrund seemännischer Sorgfaltspflicht einzurichten, wenn das Fahrzeug nicht über die technische Ausrüstung, insbesondere zur Ortung anderer Fahrzeuge, verfügt?

Dieses Kapitel gibt Ihnen einen Überblick über die im Rahmen der Seeschifffahrt zu beachtenden Ausweich- und Fahrregeln.

EINFÜHRUNG UND GRUNDBEGRIFFE

In der Schifffahrt gibt es, im Vergleich zum Land-Straßenverkehr, einige abweichende Begrifflichkeiten. So wird beispielsweise die rechte Seite als Steuerbordseite, und die linke Seite als Backbordseite bezeichnet.

Das folgende Schaubild erklärt Ihnen, welche Begriffe beim Motorbootfahren zu beachten sind:

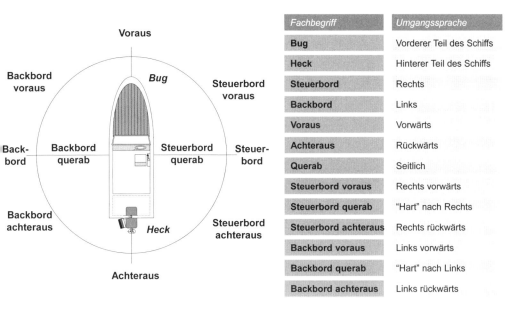

Fachbegriff	Umgangssprache
Bug	Vorderer Teil des Schiffs
Heck	Hinterer Teil des Schiffs
Steuerbord	Rechts
Backbord	Links
Voraus	Vorwärts
Achteraus	Rückwärts
Querab	Seitlich
Steuerbord voraus	Rechts vorwärts
Steuerbord querab	"Hart" nach Rechts
Steuerbord achteraus	Rechts rückwärts
Backbord voraus	Links vorwärts
Backbord querab	"Hart" nach Links
Backbord achteraus	Links rückwärts

Abb. 23: Begriffe Motorboot

Bei Segelbooten werden diese Begriffe noch um die Perspektive der Position zum Wind ergänzt. Die dem Wind zugewandte Seite ist die Luvseite, die dem Wind abgewandte Seite, welche auch Windschattenseite genannt wird, ist die Leeseite.

Um sicher fahren und gegenüber Segelbooten regelkonform ausweichen zu können, ist es insbesondere auch für Motorbootfahrer wichtig, diesen Unterschied zu kennen.

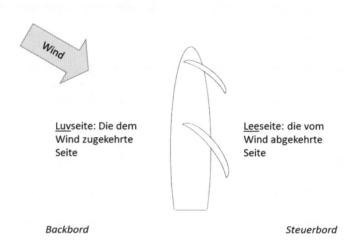

Luvseite: Die dem
Wind zugekehrte
Seite

Leeseite: die vom
Wind abgekehrte
Seite

Backbord

Steuerbord

Abb. 24: Begriffe Segelboot

FAHRZEUGE IN FAHRT

Fahrzeuge sind solange in Fahrt befindlich oder fahrend, solange sie

- nicht mittelbar oder unmittelbar vor Anker liegen,
- nicht am Ufer festgemacht sind, oder
- auf Grund sitzen.

Wenn ein Boot in Fahrt befindlich oder fahrend ist, gelten die allgemeinen Fahr- und Ausweichregeln und Sorgfaltspflichten, die nachfolgend vorgestellt werden.

ALLGEMEINES FAHRVERHALTEN

Fahrzeuge in Fahrt sollten, um sich selbst und andere nicht in Gefahr zu bringen, unbedingt folgende Grundregeln beachten:

- Ein kleines Fahrzeug sollte nicht zu dicht an ein großes, in Fahrt befindliches Fahrzeug heranfahren. Grund hierfür ist, dass es durch dessen Bug- oder Heckwelle kentern oder durch den Sog mit dem Fahrzeug kollidieren kann.

- Bei geringer Wassertiefe ist die Geschwindigkeit zu reduzieren, um die Steuerfähigkeit zu erhalten und um eine Grundberührung durch Absenken des Hecks zu vermeiden.

Bei starkem Seegang ist die Fahrt des Sportbootes zu vermindern, um Schäden durch Seeschlag möglichst zu vermeiden.

In engen Gewässern, bei denen am Ufer festgemachte Fahrzeuge sind, müssen Sie Ihre Geschwindigkeit anpassen, um schädlichen Sog- und Wellenschlag zu vermeiden.

Wichtig: Ein steuerunfähiges Sportboot, beispielsweise nach Ausfall des Motors, kann mit einem Treibanker oder anderen geeigneten schwimmfähigen Gegenständen mit dem Bug im Wind gehalten werden.

ANGEMESSENE GESCHWINDIGKEIT

Jedes Fahrzeug hat mit einer sicheren Geschwindigkeit zu fahren. Das bedeutet, es muss sich den vorhandenen Umständen, der Verkehrslage und den gegebenen Sicht- und Witterungsverhältnissen anpassen. Das Fahrzeug muss dabei jederzeit sicher aufgestoppt werden können.

Sind Geschwindigkeiten durch Zeichen geregelt, sind die hierdurch angegebenen Höchstgeschwindigkeiten nicht zu überschreiten. Es ist zu beachten, ob Geschwindigkeiten in Kilometer pro Stunde (km/h) oder Knoten (sm/h) angegeben sind.

Die Geschwindigkeit kann als Fahrt durchs Wasser (FdW) und als Fahrt über Grund (FüG) gemessen werden. Die Bezugsgröße bei der Fahrt durchs Wasser ist die im Wasser zurückgelegte Strecke, bei der Fahrt über Grund die über dem Grund zurückgelegte Strecke.

GESCHWINDIGKEIT IN ENGEN GEWÄSSERN

Gerade in engen Gewässern müssen Sie sehr vorsichtig und langsam fahren. Hier ist Sog- und Wellenschlag in jedem Fall zu vermeiden. Bei Sog- und Wellenschlag handelt es sich im Wesentlichen um die durch die Verdrängung des Boots und durch den Antrieb entstehenden Wasserverwerfungen.

Wenn Sie anderen Fahrzeugen in engen Gewässern begegnen, ist die Geschwindigkeit zu reduzieren und ausreichender Passierabstand zu halten, um ein gefahrloses Passieren zu ermöglichen.

GERINGE WASSERTIEFE UND SEEGANG

Bei geringer Wassertiefe müssen Sie Ihre Geschwindigkeit drosseln, um die Steuerfähigkeit zu verbessern und eine Grundberührung durch ein Absenken des Hecks zu vermeiden.

Bei starkem Seegang ist die Fahrt zu vermindern, um Schäden durch Seeschlag zu vermeiden.

Abb. 25: Fahren bei geringer Wassertiefe und bei Seegang

ANTRIEB DURCH SCHIFFSSCHRAUBE

Motorboote werden durch die Drehbewegung einer Schiffsschraube angetrieben. Die Schiffsschraube wird oft auch Propeller genannt. Die Schiffsschraube ist in der Regel im hinteren Bereich des Schiffes, dem so genannten Heck, installiert. Dabei ist bei Innenbordmotoren der Propeller über eine Welle mit dem Motor verbunden.

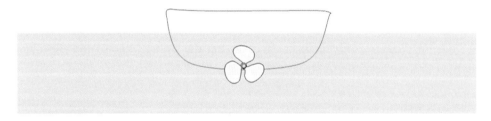

Abb. 26: Schiffsschraube

Die Manövriermöglichkeiten nach backbord beziehungsweise steuerbord sind bei Schiffen mit starren Wellen unterschiedlich groß. Dies hat damit zu tun, dass die Kräfte des Radeffekts die Drehrichtung der Schiffsschraube zur einen Seite unterstützen und zur anderen Seite dieser entgegenwirken. Die Wirkung des Radeffekts wird im nächsten Abschnitt näher erläutert.

RADEFFEKT

Es gibt sowohl Antriebe mit linksdrehender als auch mit rechtsdrehender Schraube:

- Linksdrehende Schiffsschraube: Bei Vorausfahrt dreht die Schraube nach links, also gegen den Uhrzeigersinn.
- Rechtsdrehende Schiffsschraube: Bei Vorausfahrt dreht die Schraube nach rechts, also im Uhrzeigersinn.

Abb. 27: Linksdrehende und rechtsdrehende Propeller

Die meisten Motorboote werden mit einer rechtsdrehenden Schiffsschraube angetrieben. Bei Rückwärtsfahrt kehrt sich die Drehrichtung um, sie dreht sich also dann nach links. Die Schiffsschraube liefert jedoch nicht nur den gewünschten Vortrieb, sie versetzt dabei das Heck des Bootes auch leicht in die Drehrichtung des Propellers.

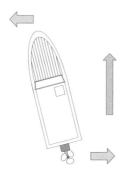

Abb. 28: Radeffekt

So wird das Heck eines mit einer rechtsdrehenden Schiffsschraube angetriebenen Bootes bei der Vorwärtsfahrt also leicht nach steuerbord versetzt, gerade so als ob ein Rad auf dem Grund mitläuft. Dieser physikalische Effekt wird als Radeffekt bezeichnet. Der Bug des Bootes bewegt sich dabei hingegen leicht in die entgegengesetzte Richtung, hier also nach backbord.

Bei der Rückwärtsfahrt kehrt sich dieser Effekt um. Bei der rechtsdrehenden Schiffsschraube dreht sich das Heck leicht nach backbord, der Bug leicht nach steuerbord. Genau entgegengesetzt ist das durch den Radeffekt verursachte Verhalten eines mit einer linksdrehenden Schiffsschraube angetriebenen Bootes.

Größere Boote werden oft mit zwei Schrauben ausgestattet, wobei dann die Drehrichtung der Schrauben unterschiedlich ist und sich der Radeffekt durch die entgegengesetzten Drehrichtungen so wieder aufhebt.

AN- UND ABLEGEN UNTER BERÜCKSICHTIGUNG DES RADEFFEKTS

Es ist wichtig die Drehrichtung des Propellers zu kennen, da man den auftretenden Radeffekt zum An- und Ablegen, oder auch zum Wenden in engen Hafengassen nutzen kann.

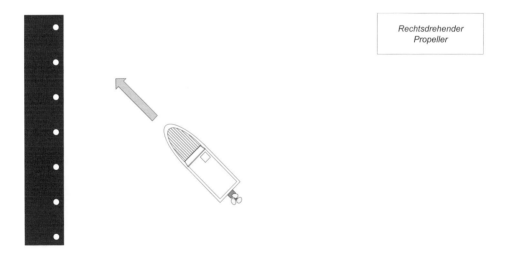

Rechtsdrehender Propeller

Abb. 29: Anlegen unter Berücksichtigung des Radeffekts

Der Radeffekt unterstützt den Drehkreis des Bootes in eine Richtung, wirkt umgekehrt aber auch entgegen und vergrößert so den Drehkreis. So ist die ideale

Anlegeseite bei einem Boot mit rechtsdrehendem Propeller in der Regel die Backbordseite, und bei einem linksdrehenden Propeller die Steuerbordseite.

ANLEGEN BEI WIND UND STRÖMUNG

Das Anlegen bei starkem Wind oder Strömung sorgt für erschwerte Bedingungen. Wenn möglich, sollte nur gegen den Wind beziehungsweise gegen die Strömung angelegt werden.

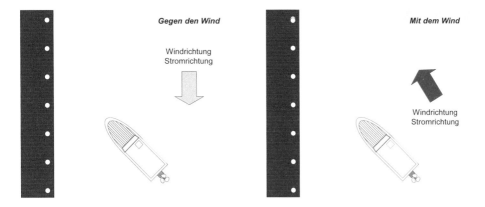

Abb. 30: Anlegen bei Strömung und Wind

Wind und Strom wirken dann der Bewegung des Fahrzeuges entgegen und bremsen die Fahrt ab. Genauso wirken diese Kräfte aber auch schiebend, wenn Sie mit dem Wind oder Strom anlegen. Hierbei besteht dann die Gefahr, dass Sie unkontrolliert und hart auf den Steg gedrückt werden.

Der optimale Anlegewinkel bei stromfreien Gewässern ist grundsätzlich ein spitzer Winkel. Wie Sie richtig anlegen und ablegen, erfahren Sie in Kapitel 17 „Motorboot Praxis Manöver".

AUSWEICHREGELN

Aufgrund der Tatsache, dass Sie als motorgetriebenes Sportboot grundsätzlich in Ihrer Manövrierfähigkeit sehr flexibel sind, sind Sie gegenüber den meisten anderen Verkehrsteilnehmern ausweichpflichtig.

Grundregel: Als Ausweichpflichtiger müssen Sie Ihr Ausweichmanöver frühzeitig, durchgreifend und klar erkennbar durchführen.

MOTORBOOT UND MOTORBOOT AUF KREUZENDEN KURSEN

Begegnen sich zwei Motorboote auf kreuzenden Kursen, so gilt: Steuerbord vor Backbord beziehungsweise wie beim Autofahren „rechts vor links".

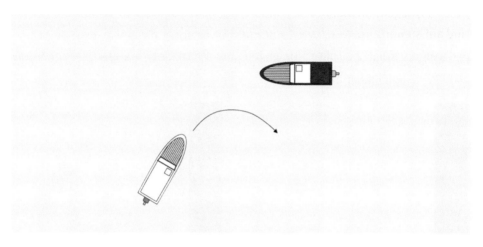

Abb. 31: Motorboot und Motorboot auf kreuzenden Kursen

MOTORBOOT UND MOTORBOOT AUF ENTGEGENGESETZTEN KURSEN

Begegnen sich zwei Motorboote auf entgegengesetzten Kursen, muss jedes Fahrzeug nach Steuerbord ausweichen. In Ausnahmefällen ist ein Ausweichen nach Backbord möglich, wenn dies gefahrlos möglich ist. Dies ist rechtzeitig durch zwei kurze Töne zu signalisieren.

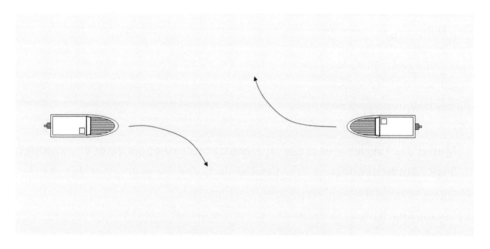

Abb. 32: Motorboot und Motorboot auf entgegengesetzten Kursen

SEGELBOOT UND SEGELBOOT – WIND VON DER GLEICHEN SEITE

Begegnen sich zwei Segelboote, die auf dem gleichen Bug segeln, also der Wind von derselben Seite kommt, so gilt „Leeboot" vor „Luvboot". In der Darstellung (Abb. 33) segeln die beiden Segelboote auf Steuerbordbug: Das heißt, die Segel sind auf steuerbord gesetzt und der Wind kommt von backbord.

Das Segelboot, welches näher am Wind segelt, ist ausweichpflichtig. Hier ist es also das weiße Segelboot.

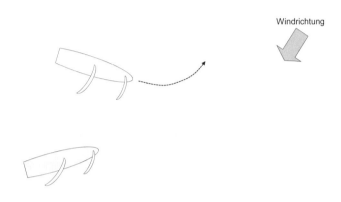

Abb. 33: Segelboot und Segelboot – Wind von der gleichen Seite

SEGELBOOT UND SEGELBOOT – WIND NICHT VON DER GLEICHEN SEITE

Begegnen sich zwei Segelboote, die nicht auf dem gleichen Bug segeln, also den Wind nicht von derselben Seite haben, gilt Backbordbug vor Steuerbordbug (Abb. 34).

Das bedeutet, dass das Boot, welches auf Steuerbordbug segelt, sprich die Segel sind auf steuerbord und der Wind kommt von backbord, ausweichpflichtig ist. Hier muss also das weiße Segelboot ausweichen.

Merke: Der Segler, der den Wind von backbord hat, muss dem anderen Segler ausweichen!

Es ist wichtig zu wissen, dass ein Segelfahrzeug als Maschinenfahrzeug gilt, sobald es mit Maschinenkraft fährt. In diesem Fall hat es sich bezüglich der Ausweichregeln so zu verhalten, als ob es ein Motorboot wäre.

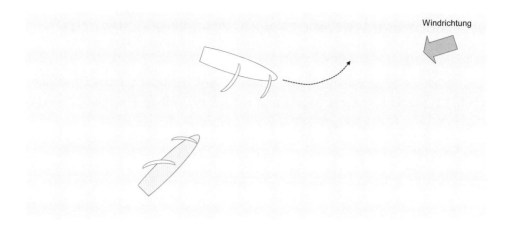

Abb. 34: Segelboot und Segelboot – Wind nicht von der gleichen Seite

Damit andere Schiffsführer erkennen, dass ein Segelboot unter Motor fährt, hat es einen schwarzen Kegel mit Spitze nach unten zu führen. Diese Kegel lernen Sie in Kap. 4 „Lichter- und Flaggenführung" kennen.

MOTORBOOTE UND SEGELFAHRZEUGE

Begegnen sich Motorboote und Segelfahrzeuge bzw. Segelsurfbretter, müssen Motorboote den Segelfahrzeugen bzw. Segelsurfbrettern ausweichen.

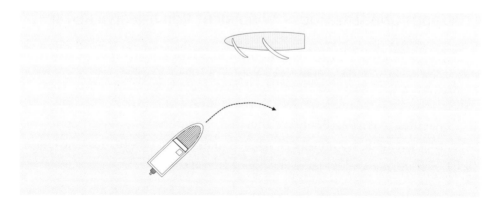

Abb. 35: Motorboote und Segelfahrzeuge

AUSWEICHREGELUNGEN

Wie Sie in den bisherigen Kapiteln gelernt haben, gelten die Kollisionsver-hütungsregeln uneingeschränkt außerhalb ausgewiesener Fahrwasser und auf hoher See. Innerhalb der Fahrwasser und Seeschifffahrtsstraßen gelten dann jedoch die Ausweichregeln der Seeschifffahrtsstraßen-Ordnung.

Die folgende Darstellung zeigt, welche Fahrzeuge vor welchen anderen Fahrzeugen nach der Seeschifffahrtsstraßen-Ordnung Vorfahrt haben.

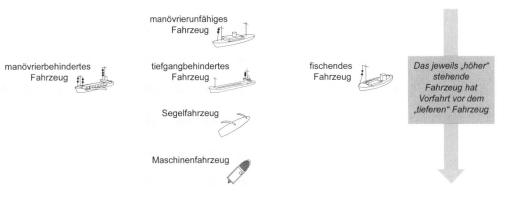

Abb. 36: Vorfahrtsregeln nach der Seeschifffahrtsstraßen-Ordnung

Das in der Darstellung jeweils „höher" dargestellte Fahrzeug hat Vorfahrt vor dem „tiefer" abgebildeten Fahrzeug.

> Wichtig: Alle nicht in ihrer Manövrierfähigkeit eingeschränkten Fahrzeuge, auch Segelboote, müssen manövrierbehinderten und manövrierunfähigen Fahrzeugen ausweichen.

Es lassen sich grundsätzlich manövrierbehinderte und manövrierunfähige Fahrzeuge unterscheiden. Die grundsätzliche Unterscheidung zwischen manövrierbehindert und manövrierunfähig lässt sich wie folgt treffen:

▪ Manövrierunfähige Fahrzeuge: Manövrierunfähige Fahrzeuge sind Fahrzeuge, die wegen außergewöhnlicher Umstände nicht so wie vorgeschrieben manövrieren und daher einem anderen Fahrzeug nicht ausweichen können. Ein Grund für die Manövrierunfähigkeit kann beispielsweise der Ausfall der Ruder- oder Maschinenanlage sein.

▪ Manövrierbehinderte Fahrzeuge: Manövrierbehinderte Fahrzeuge sind Fahrzeuge, die durch die Art ihres Einsatzes daran gehindert sind, so wie vorgeschrieben zu manövrieren, und daher einem anderen Fahrzeug nicht ausweichen können. Beispiele für manövrierbehinderte Fahrzeuge sind Tonnenleger, Kabelleger und Bagger.

MANÖVER DES LETZTEN AUGENBLICKS

Unter dem Manöver des letzten Augenblicks versteht man das Ausweichmanöver des Kurshalters, also des vorfahrtsberechtigten Fahrzeuges. Das Manöver des letzten Augenblicks muss dann durchgeführt werden, wenn ein Zusammenstoß durch das Manöver des Ausweichpflichtigen alleine nicht mehr vermieden werden kann.

Vor Einleitung des Manövers müssen Kurs und Geschwindigkeit zunächst beibehalten werden und dem ausweichpflichtigen Fahrzeug ist besondere Sorgfalt zu widmen.

ÜBERHOLEN

Grundregel: Das Überholen ist nur dann gestattet, wenn es ohne Gefährdung oder Behinderung anderer Fahrzeuge durchgeführt werden kann.

Das Überholmanöver ist also nur möglich, wenn es die Verkehrslage erlaubt. Es muss zügig und mit ausreichendem Abstand durchgeführt werden.

Windrichtung

Abb. 37: Überholen

Folgende Regeln gelten für das überholende Fahrzeug beziehungsweise das überholte Fahrzeug (Abb. 38):

Für das *überholende* Fahrzeug:

- muss dem Überholten ausweichen

- Abstand halten

Für das *überholte* Fahrzeug:

- muss Kurs beibehalten

- muss das Überholen soweit als möglich erleichtern

Abb. 38: Überholregeln

Ein Fahrzeug gilt dann als ein überholendes Fahrzeug, wenn es sich einem anderen Fahrzeug aus einer Richtung von mehr als 22,5 Grad achterlicher als querab nähert; dies bedeutet also schräg von hinten in einem flachen Winkel. Im Zweifelsfall hat sich ein Fahrzeug, das sich auf diesem Kurs einem anderen Fahrzeug nähert, immer als überholendes Fahrzeug zu betrachten.

GEFAHREN BEIM ÜBERHOLEN

Folgende Gefahren können beim Überholmanöver entstehen:

- Das Fahrzeug kann durch Stau, Sog oder Schwell aus dem Kurs laufen. Bei Stau, Sog und Schwell handelt es sich um Wasserverwerfungen in Folge der Verdrängung und des Antriebs eines Boots.

- Das Fahrzeug kann kollidieren und querschlagen. Dies gilt insbesondere für kleinere Fahrzeuge.

- Das Fahrzeug kann in flachen Gewässern auf Grund laufen, beispielsweise durch das Absenken des Hecks.

- Es besteht die Gefahr des Überbordfallens einzelner Besatzungsmitglieder, insbesondere bei starker Beschleunigung.

ÜBERHOLVERBOT

Überholen ist grundsätzlich in folgenden Gebieten verboten:

- in der Nähe von in Fahrt befindlichen, nicht freifahrenden Fähren

- an Engstellen

Abb. 39: Überholverbot

- in unübersichtlichen Krümmungen
- in Schleusenbereichen
- innerhalb von Bereichen, die durch Überholverbotszeichen gekennzeichnet sind.

HERSTELLEN EINER SCHLEPPVERBINDUNG

Beim Herstellen einer Schleppverbindung ist darauf zu achten, dass die Schleppleine eine ausreichende Stärke hat und nicht mit der Schiffsschraube in Berührung kommt.

Die Schleppleine wird beim Geschleppten möglichst am Mittschiffspoller, bei Segelbooten am Mast befestigt. Die Schleppleine muss bei starkem Seegang mindestens die 2- oder 3-fache Wellenlänge haben.

SCHLEPPGESCHWINDIGKEIT

Die Schleppgeschwindigkeit sollte nicht größer sein als die Geschwindigkeit, die der Geschleppte freifahrend bei Verdrängungsfahrt erreichen kann. Dies ist die so genannte Rumpfgeschwindigkeit.

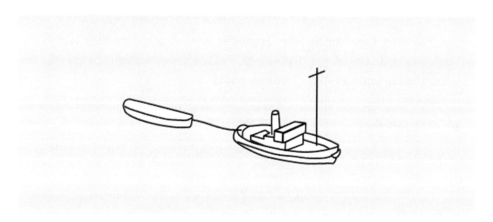

Abb. 40: Schleppen mittels Schleppleine

Ein ruckartiges Anfahren im Rahmen des Schleppmanövers ist zu vermeiden. Hierbei besteht die Gefahr des unkontrollierten Ausbrechens des geschleppten Fahrzeugs. Im Extremfall kann auch die Schleppleine reißen.

LÄNGSSEITIGES SCHLEPPEN

Wird Ihr Boot längsseitig geschleppt, so müssen beide Boote mit zwei Querleinen, also vorne und achtern je eine, sowie durch eine Vor- und eine Achterspring – das sind in Abb. 41 die roten Leinen – verbunden werden.

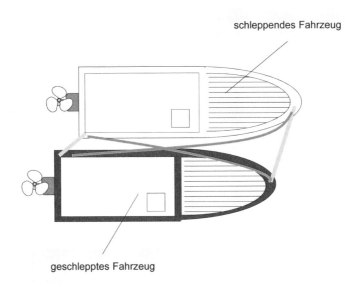

schleppendes Fahrzeug

geschlepptes Fahrzeug

Abb. 41: Längsseitiges Schleppen

Das Heck des schleppenden Fahrzeuges soll dabei über das Heck des geschleppten Fahrzeuges hinausragen. Bei grober See und ungleichen Fahrzeugtypen kann nicht längsseitig abgeschleppt werden.

Nachdem Sie das Kapitel „Ausweich- und Fahrregeln" bearbeitet haben, sollten Sie die folgenden Prüfungsfragen beantworten können. Die Antwortmöglichkeiten können Sie sich mit Ihrem kostenlosen Testzugang im Online-Kurs SportbootführerscheinSee24 (siehe Begleitwort) herunterladen.

- ■ Wann ist ein Fahrzeug in Fahrt?

- ■ Wann gilt ein Fahrzeug unter Segel als Maschinenfahrzeug?

- ■ Welche Seite wird als Luvseite bezeichnet?

- ■ Welche Seite wird als Leeseite bezeichnet?

- ■ Wie weichen zwei Motorboote aus, die sich auf entgegen gesetzten Kursen nähern?

- ■ Zwei Motorboote nähern sich auf kreuzenden Kursen. Es besteht die Gefahr eines Zusammenstoßes. Wer ist ausweichpflichtig?

- ■ Warum soll ein kleines Fahrzeug nicht dicht an ein großes, in Fahrt befindliches Fahrzeug heranfahren?

- ■ Warum soll man möglichst gegen Strom und Wind anlegen?

- ■ Wie verhält man sich beim Begegnen mit anderen Fahrzeugen in einem engen Fahrwasser?

- ■ Welche Gefahren können entstehen, wenn ein kleines von einem größeren Fahrzeug überholt wird?

- ■ Welches ist der günstigste Anlaufwinkel beim Anlegen?

- ■ Wie verhält sich im Allgemeinen das Schiff im Rückwärtsgang bei einem rechtsdrehenden Propeller?

- ■ Was ist unter einem rechtsdrehenden Propeller zu verstehen?

- ■ Was ist unter einem linksdrehenden Propeller zu verstehen?

- ■ Was ist unter der indirekten Ruderwirkung (Radeffekt) des Propellers zu verstehen?

- ■ Weshalb ist die Kenntnis der Propellerdrehrichtung von Bedeutung?

- ■ Welche Anlegeseite ist mit rechtsdrehendem Propeller empfehlenswert und warum?

- Wann gilt ein Fahrzeug als überholendes Fahrzeug?

- Wann ist ein Fahrzeug manövrierunfähig?

- Wann ist ein Fahrzeug manövrierbehindert?

- Zwei in Sicht befindliche Segelfahrzeuge nähern sich im freien Seeraum oder außerhalb des Fahrwassers so, dass die Möglichkeit der Gefahr eines Zusammenstoßes besteht. Welches Fahrzeug muss dem anderen ausweichen, wenn sie den Wind von derselben Seite haben?

- Wie müssen sich zwei in Sicht befindliche Maschinenfahrzeuge verhalten, die sich einander auf entgegengesetzten oder fast entgegengesetzten Kursen nähern, um die Möglichkeit der Gefahr eines Zusammenstoßes zu vermeiden?

- Wie hat sich ein Maschinenfahrzeug gegenüber einem in Sicht befindlichen Segelfahrzeug zu verhalten, wenn die Möglichkeit der Gefahr eines Zusammenstoßes besteht?

- Wie hat sich ein Maschinenfahrzeug im freien Seeraum oder außerhalb des Fahrwassers gegenüber einem in Sicht befindlichen manövrierunfähigen Fahrzeug zu verhalten, wenn die Möglichkeit der Gefahr eines Zusammenstoßes besteht?

- Wie hat sich ein Maschinenfahrzeug im freien Seeraum oder außerhalb des Fahrwassers gegenüber einem in Sicht befindlichen manövrierbehinderten Fahrzeug zu verhalten, wenn die Möglichkeit der Gefahr eines Zusammenstoßes besteht?

- Wie hat sich ein Maschinenfahrzeug im freien Seeraum oder außerhalb des Fahrwassers gegenüber einem in Sicht befindlichen fischenden Fahrzeug zu verhalten, wenn die Möglichkeit der Gefahr eines Zusammenstoßes besteht?

- Wie hat sich ein Segelfahrzeug im freien Seeraum oder außerhalb des Fahrwassers gegenüber einem in Sicht befindlichen fischenden Fahrzeug zu verhalten, wenn die Möglichkeit der Gefahr eines Zusammenstoßes besteht?

- Wie verhält sich der Kurshaltepflichtige vor Einleitung des Manövers des letzten Augenblicks gegenüber einem ausweichpflichtigen Fahrzeug?

■ Wie muss sich ein Ausweichpflichtiger gegenüber einem Kurshalter verhalten?

■ Wie hat sich ein überholendes Fahrzeug zu verhalten?

■ Wie hat man sich zu verhalten, wenn man bei verminderter Sicht anscheinend vorlicher als querab das Schallsignal eines anderen Fahrzeugs hört?

■ Wie lang sollte eine Schleppleine bei starkem Seegang sein?

■ Was ist zu beachten, wenn ein Sportboot geschleppt werden soll?

■ Warum sollte bei starkem Seegang die Fahrt vermindert werden?

Ihnen werden verschiedene in diesem Kapitel vorgestellte Fahrzeuge gezeigt. Sie müssen dann die folgenden Frage beantworten:

■ Wie muss man sich gegenüber diesem Fahrzeug verhalten?

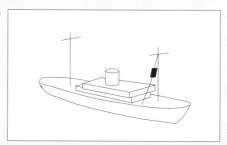

■ Wie muss man sich gegenüber diesem Fahrzeug verhalten?

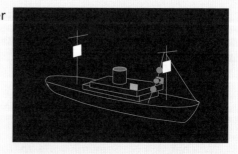

■ Welche Höchstgeschwindigkeit darf vor Stellen mit erkennbarem Badebetrieb – außerhalb des Fahrwassers – in einem Abstand von 500 Meter und weniger vom Ufer nicht überschritten werden?

Dieses Kapitel gibt Ihnen die wichtigsten Informationen über die von Wasserfahrzeugen zu führenden Lichter, Flaggen und Signalkörper. Die Verpflichtung zum Führen dieser Zeichen resultiert aus den Kollisionsverhütungsregeln und – ergänzend – aus der Seeschifffahrtsstraßen-Ordnung sowie der Schifffahrtordnung Emsmündung.

LICHTER- UND FLAGGENFÜHRUNGSPFLICHT

Die Lichterführung dient dazu, die Art und den Kurs eines anderen Fahrzeuges zur Nachtzeit oder bei eingeschränkten Sichtverhältnissen zu erkennen.

Lichter müssen in der Nachtzeit, darunter versteht man allgemein die Zeit von Sonnenuntergang bis Sonnenaufgang, und bei unsichtigem Wetter geführt werden.

Abb. 42: Pflicht der Lichter- und Flaggenführung

Analog zur Lichterführung müssen während der Tagzeit, also der Zeit von Sonnenaufgang bis Sonnenuntergang, entsprechende Flaggen oder Signalkörper geführt werden.

Auf als Seeschifffahrtsstraßen ausgewiesenen Wasserflächen besteht grundsätzlich zur Nachtzeit und bei unsichtigem Wetter Lichterführungspflicht. Fahrzeuge, die die vorgeschriebenen Lichter nicht führen, dürfen in dieser Zeit nicht auf Seeschifffahrtsstraßen fahren.

NOTSTAND

Eine Ausnahme stellt lediglich ein Notstand dar, der die Fahrt des Fahrzeuges unbedingt erforderlich macht. In diesem Fall ist dann eine elektrische Leuchte oder eine Laterne mit einem weißen Licht ständig gebrauchsfertig bereit zu halten. So kann die Gefahr des Zusammenstoßes vermieden werden, indem das Licht rechtzeitig gezeigt wird.

POSITIONSLICHTER

Positionslichter sind fest am Fahrzeug angebrachte Lichter. Sie dienen dazu, dass andere Verkehrsteilnehmer bei Nacht und unsichtigem Wetter die Art und den Kurs des jeweiligen Fahrzeuges erkennen können.

Diese Lichter werden sowohl nach ihrer Farbe, dem Ort der Anbringung (seitlich, am Bug oder Heck), als auch nach ihrem Sichtwinkel (Sektoren) unterschieden.

FARBEN UND TRAGWEITEN VON LICHTERN

Lichter werden nach ihrer Tragweite unterschieden. Die Tragweite ist die Entfernung, in der das Licht noch erkannt werden kann; deshalb spricht man auch von Sichtweite. Es werden grundsätzlich die in der folgenden Tabelle gezeigten Lichter mit unterschiedlichen Farben und Tragweiten verwendet.

Farbe	Gewöhnliches Licht (Tragweite)	Helles Licht (Tragweite)
Weiß	2 Kilometer	4 Kilometer
Rot	1,5 Kilometer	3 Kilometer
Grün	1,5 Kilometer	3 Kilometer

Tab. 1: Tragweite Lichter

SICHTWINKEL VON LICHTERN

Lichter haben unterschiedliche Sichtwinkel. Diese Sichtwinkel werden auch Sektoren genannt. Der Sichtwinkel ist der in Grad angegebene Winkel, in dem das Licht sichtbar und erkennbar ist. Zur besseren Erkennung von Fahrzeugen werden Lichter mit unterschiedlichen Sektoren und Farben verwendet.

Grundsätzlich führen Fahrzeuge die folgenden Lichter:

▓ Grünes Licht: Steuerbordseite

▓ Rotes Licht: Backbordseite

▓ Weißes Buglicht: An der Vorderseite des Fahrzeuges

▓ Weißes Hecklicht: An der Rückseite des Fahrzeuges

Die folgende Darstellung gibt einen Überblick über die einzelnen Lichter, die nachfolgend auch noch ausführlich erläutert werden.

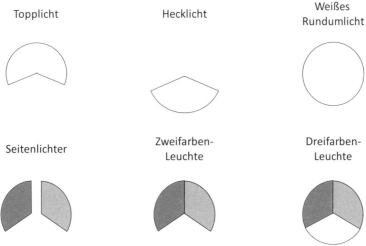

Abb. 43: Übersicht Lichter

Je nach Größe und Bauart der Fahrzeuge werden unterschiedliche Arten von Lichtern verwendet.

▓ Topplicht (weißes Licht): Das Topplicht, auch Buglicht genannt, befindet sich entweder vorne am Bug oder am Masttopp. Es ist ein weißes, helles Licht, sichtbar über einen Horizontbogen von 225°. Es ist dabei mit 112,5° nach jeder Seite, Backbord und Steuerbord, nur in diesem Bogen sichtbar.

▓ Hecklicht (weißes Licht): Das Hecklicht ist ein weißes, gewöhnliches oder helles Licht. Es ist sichtbar über einen Horizontbogen von 135°. Dabei ist es mit 67,5° von hinten nach jeder Seite, Backbord und Steuerbord, nur in diesem Bogen sichtbar.

▨ Weißes Rundumlicht (weißes Licht): Das weiße Rundumlicht ist ein weißes, gewöhnliches Licht, das von allen Seiten, also 360°, sichtbar ist.

▨ Seitenlichter (rotes und grünes Licht): Seitenlichter umfassen ein grünes, helles Licht an Steuerbord und ein rotes, helles Licht an Backbord. Diese beiden Lichter sind jeweils sichtbar über einen Horizontbogen von 112,5°. Sie sind je nur in diesem Bogen sichtbar. Beide Lichter befinden sich in gleicher Höhe und in einer Ebene senkrecht zur Längsebene des Fahrzeuges.

▨ Zweifarben-Leuchte (rotes und grünes Licht): Die Zweifarben-Leuchte ist eine Leuchte mit zusammengefassten Seitenlichtern wie oben beschrieben. Diese sind im vorderen Bereich in der Mittellängsebene des Fahrzeugs anzubringen.

▨ Dreifarben-Leuchte (rotes, grünes und weißes Licht): Die Dreifarben-Leuchte ist eine Leuchte mit zusammengefassten Heck- und Seitenlichtern. Sie ist am Masttopp anzubringen.

MINDESTTRAGWEITEN NACH SCHIFFSGRÖSSE

Es sind je nach Schiffsgröße folgende Mindesttragweiten der Lichter vorgeschrieben. Die Mindesttragweite ist dabei die Strecke, auf der das Licht bei normalen Sichtverhältnissen mit bloßem Auge erkennbar ist.

Grundsätzlich gilt bei vorgeschriebenen Lichtern die Mindesttragweite von 2 Seemeilen. Ergänzend gelten abhängig vom Schiffstyp folgende abweichende Mindesttragweiten:

Fahrzeug	Darstellung	Gewöhnliches Licht
Länge unter 12 Meter		2 Seemeilen (Topplicht) Seitenlichter mind. 1 Seemeile
12 bis 20 Meter		3 Seemeilen (Topplicht)
20 bis 50 Meter		5 Seemeilen (Topplicht)

Abb. 44: Tragweiten nach Schiffsgrößen

Die Höhe des Topplichts über den Seitenlichtern beträgt abhängig vom Schiffstyp mindestens:

Fahrzeug	Darstellung	Höhe Topplicht über Seitenlichter
Länge unter 12 Meter		1 Meter
12 bis 20 Meter	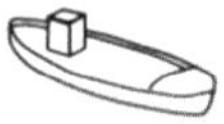	2,5 Meter
20 bis 50 Meter	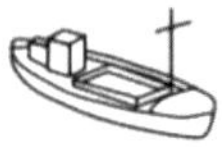	6 Meter

Abb. 45: Höhe Topplicht nach Schiffsgrößen

Lichter werden an unterschiedlichen Stellen am Schiff angebracht und haben
unterschiedliche Sichtwinkel. Dabei werden zur besseren Erkennung Lichter
mit unterschiedlichen Farben und Sichtwinkeln verwendet.

Weitere relevante Lichter sind:

- Schlepplicht: Sektor identisch mit dem des Hecklichtes, Farbe abweichend
  gelb.
- Funkellicht: Licht mit mindestens 120 regelmäßigen Signalen pro Minute,
  sichtbar über den gesamten Horizontbogen (360°).

FLAGGENFÜHRUNG

Die Flaggenführung, welche in der Literatur auch Signalkörperführung genannt
wird, dient dazu, die Art und den Kurs eines anderen Fahrzeuges zur Tagzeit zu
erkennen. Sie ersetzt die Funktion, die Lichter bei Nacht haben.

Signalkörper sind grundsätzlich schwarz. Durchmesser und Höhe der Signalkörper sollten dabei mindestens 60 cm betragen. Die Höhen von Zylindern und
Rhomben sollten mindestens 120 cm betragen. Fahrzeuge mit weniger als 20
Meter Länge dürfen, der Fahrzeuggröße angemessen, auch kleinere Signalkörper führen.

Diese Übersicht zeigt Ihnen die üblichen Signalkörper:

Ball	**Zylinder**	**Kegel**	**Rhombus**	**Stundenglas**
Ball mit Durchmesser von 50 Zentimetern	Zylinder	Kegel mit Höhe von 60 Zentimetern	2 Kegel mit Höhe von 60 Zentimetern	Zwei Kegel in entgegengesetzter Richtung (zwei mal 60 Zentimeter)

Abb. 46: Signalkörper

KENNZEICHNUNG DER FAHRZEUGE

Im Folgenden erhalten Sie einen Überblick über die für die unterschiedlichen Fahrzeugarten vorgeschriebene Lichter- und Flaggenführung.

SEGELFAHRZEUGE

Segelfahrzeuge in Fahrt führen zur Nachtzeit grundsätzlich Seitenlichter und ein Hecklicht. Für kleinere Segelfahrzeuge gibt es dazu abweichend Erleichterungen (vgl. Abb. 47). Sie sollen aber idealerweise Seitenlichter und Hecklicht führen. Fährt ein Segelfahrzeug unter Maschine, gelten die Vorschriften für Motorboote.

Fahrzeug	Lichterführung	Darstellung
Segelfahrzeug < 7 Meter	Funktionsfähige Lampe oder Laterne in Weiß bereithalten	
Segelfahrzeug < 20 Meter	Hecklicht und Zweifarbenleuchte oder Dreifarbenleuchte	
Segelfahrzeug >= 20 Meter	Zwingend Seitenlichter und Hecklicht	
Segelfahrzeug unter Maschine	Lichterführung entsprechend der eines Maschinenfahrzeugs. Tagsüber mit Kegel Spitze unten.	

Abb. 47: Lichterführung Segelfahrzeuge

MASCHINENFAHRZEUGE IN FAHRT

Maschinenbetriebene Fahrzeuge in Fahrt, darunter fallen auch Segelfahrzeuge, die unter Motor fahren, haben folgende Lichter zu führen:

Fahrzeug	Lichterführung	Darstellung
Maschinenfahrzeug < 7 Meter	Weißes Rundumlicht, wenn möglich Seitenlichter; kann Topplicht, Seitenlichter und Hecklicht	
Maschinenfahrzeug < 12 Meter	Weißes Rundumlicht, Seitenlichter oder Zweifarbenleuchte; Topp- oder Rundumlicht mind. 1 m höher als Seitenlichter	
Maschinenfahrzeug < 20 Meter	Topplicht, Seitenlichter und Hecklicht; Zweifarbenleuchte anstatt Seitenlicht möglich. Höhe Topplicht mind. 2,5 m	
Maschinenfahrzeug < 50 Meter	Topplicht (mind. 6m über Schiffskörper), Seitenlichter und Hecklicht	
Maschinenfahrzeug = 50 Meter	Topplicht, Seitenlichter, Hecklicht und zweites Topplicht	

Abb. 48: Lichterführung Maschinenfahrzeuge

MANÖVRIERUNFÄHIGE FAHRZEUGE

Manövrierunfähige Fahrzeuge sind aufgrund außergewöhnlicher Umstände nicht in der Lage, wie vorgeschrieben zu manövrieren. Dies kann beispielsweise durch Ausfall oder Einschränkung der Steueranlage oder von Maschinenschäden vorkommen. Ihnen ist grundsätzlich auszuweichen, außer das manövrierunfähige Fahrzeug überholt. Die folgende Darstellung zeigt die Lichter- und Flaggenführung von manövrierunfähigen Fahrzeugen:

Ohne Fahrt durchs Wasser:
Zwei rote Rundumlichter untereinander

Mit Fahrt durchs Wasser:
zusätzlich Seitenlichter und
ein Hecklicht

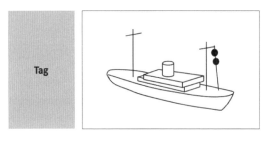

		Ohne Fahrt durchs Wasser: Zwei Bälle untereinander
Tag		Mit Fahrt durchs Wasser: Keine weiteren Signale notwendig

Abb. 49: Manövrierunfähige Fahrzeuge

MANÖVRIERBEHINDERTE FAHRZEUGE

Manövrierbehinderte Fahrzeuge sind in ihrer Manövrierfähigkeit eingeschränkt. Dies kann durch die Ausführung von Bagger- oder Unterwasserarbeiten oder durch mitgeführte Gerätschaften bedingt sein. Diesen Fahrzeugen ist
grundsätzlich auszuweichen, außer das manövrierbehinderte Fahrzeug überholt. Die folgende Darstellung zeigt die Lichter- und Flaggenführung von manövrierbehinderten Fahrzeugen:

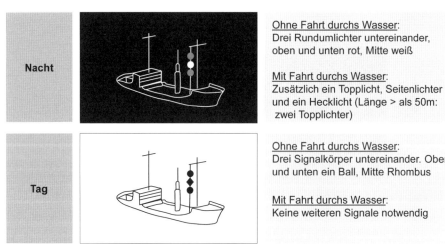

Abb. 50: Manövrierbehinderte Fahrzeuge

MANÖVRIERBEHINDERTE FAHRZEUGE – VORBEIFAHRT AN EINER SEITE

Manövrierbehinderte Fahrzeuge bei der Arbeit sind Fahrzeuge, die meist
Tätigkeiten wie beispielsweise Baggern oder Unterwasserarbeiten ausführen.
Bei diesen manövrierbehinderten Fahrzeugen ist die Vorbeifahrt in der Regel
nur an einer Seite möglich.

Nacht

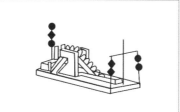

<u>Ohne Fahrt durchs Wasser</u>:
Drei Rundumlichter untereinander, oben und unten rot, Mitte weiß; Seite mit Behinderung zwei rote Rundumlichter untereinander; Seite ohne Behinderung zwei grüne Rundumlichter untereinander
<u>Mit Fahrt durchs Wasser</u>:
Zus. Topplichter, Seitenlichter, Hecklicht

Tag

<u>Ohne Fahrt durchs Wasser</u>:
Drei Signalkörper senkrecht untereinander. Oben und unten ein Ball, Mitte Rhombus; Seite ohne Behinderung zwei Rhomben untereinander
<u>Mit Fahrt durchs Wasser</u>:
Keine weiteren Signale notwendig

Abb. 51: Manövrierbehinderte Fahrzeuge bei der Arbeit 1

MANÖVRIERBEHINDERTE FAHRZEUGE BEI DER ARBEIT

Bei diesen manövrierbehinderten Fahrzeugen bei der Arbeit ist die Vorbeifahrt an beiden Seiten möglich.

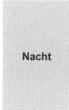
Nacht

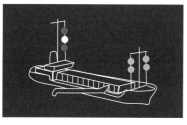

<u>Ohne Fahrt durchs Wasser</u>:
Drei Rundumlichter untereinander, oben und unten rot, Mitte weiß; Seiten ohne Behinderung zwei grüne Rundumlichter untereinander (Hier beide).

<u>Mit Fahrt durchs Wasser</u>:
zus. Topplichter, Seitenlichter, Hecklicht

Tag

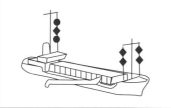

<u>Ohne Fahrt durchs Wasser</u>:
Drei Signalkörper senkrecht untereinander. Oben und unten ein Ball, Mitte Rhombus. Seiten ohne Behinderung je zwei Rhomben

<u>Mit Fahrt durchs Wasser</u>:
Keine weiteren Signale notwendig

Abb. 52: Manövrierbehinderte Fahrzeuge bei der Arbeit 2

TIEFGANGBEHINDERTE FAHRZEUGE BEI DER ARBEIT

Ein tiefgangbehindertes Fahrzeug ist in seiner Manövrierfähigkeit aufgrund seines Tiefganges im Verhältnis zur Wassertiefe und -breite stark eingeschränkt.

Tiefgangbehinderte Fahrzeuge haben die folgenden Lichter- und Flaggen zu führen:

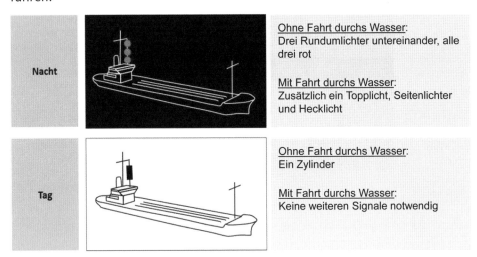

Abb. 53: Tiefgangbehindertes Fahrzeug bei der Arbeit

FISCHENDES FAHRZEUG – OHNE TRAWLEN

Unter einem fischenden Fahrzeug versteht man ein Fahrzeug, welches mit Netzen, Leinen, Schleppnetzen oder anderen Fanggeräten fischt und dadurch in seiner Manövrierfähigkeit eingeschränkt ist. Unter Trawlen wird der Fischfang mit einem Schleppnetz verstanden. Ein fischendes Fahrzeug, welches nicht trawlt, hat die folgenden Lichter und Flaggen zu führen.

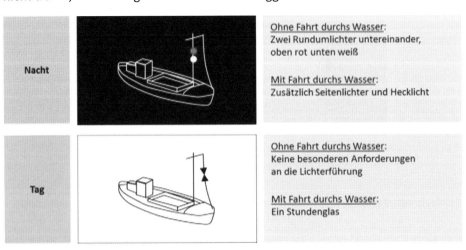

Abb. 54: Fischendes Fahrzeug, das nicht trawlt

FISCHENDES FAHRZEUG – TRAWLEND

Unter Trawlen wird der Fischfang mit einem Schleppnetz verstanden. Ein trawlendes Fahrzeug hat die folgenden Lichter und Flaggen zu führen:

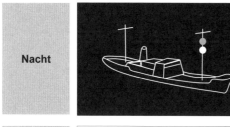

Ohne Fahrt durchs Wasser:
Zwei Rundumlichter untereinander; oben grün unten weiß: Fahrzeuge größer 50 m Länge zusätzlich ein Topplicht weiß, 225 Grad achterlicher und höher als das grüne Rundumlicht
Mit Fahrt durchs Wasser:
Seitenlichter und Hecklicht

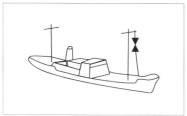

Mit und ohne Fahrt durchs Wasser:
Ein Stundenglas

Abb. 55: Fischendes Fahrzeug, das trawlt

ANKERLIEGER < 50 METER LÄNGE

Ein Ankerlieger ist ein Fahrzeug, das vor Anker liegt. Die Lichter- und Flaggenführung bei Ankerliegern unterscheidet sich nach der Länge des Fahrzeugs. Ein Ankerlieger < 50 Meter Länge hat folgende Lichter und Flaggen zu führen:

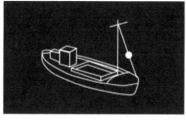

Ein Rundumlicht weiß an gut sichtbarer Stelle

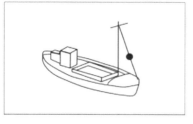

Einen Ball im vorderen Teil an gut sichtbarer Stelle

Abb. 56: Ankerlieger kürzer als 50 m

ANKERLIEGER ≥ 50 METER LÄNGE

Die folgende Darstellung zeigt die Lichter- und Flaggenführung eines Ankerliegers von mehr als 50 Meter Länge:

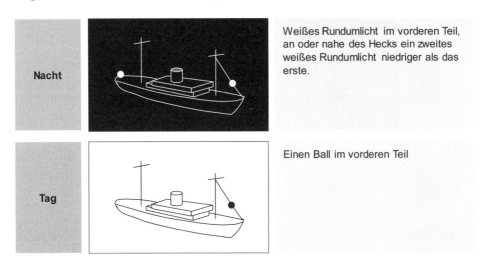

Nacht — Weißes Rundumlicht im vorderen Teil, an oder nahe des Hecks ein zweites weißes Rundumlicht niedriger als das erste.

Tag — Einen Ball im vorderen Teil

Abb. 57: Ankerlieger länger als 50 m

GRUNDSITZER < 50 METER LÄNGE

Unter einem Grundsitzer versteht man ein Fahrzeug, welches fest auf Grund sitzt. Die Lichterführung bei Grundsitzern unterscheidet sich nach ihrer Länge. Ein Grundsitzer < 50 Meter hat folgende Lichter und Flaggen zu führen:

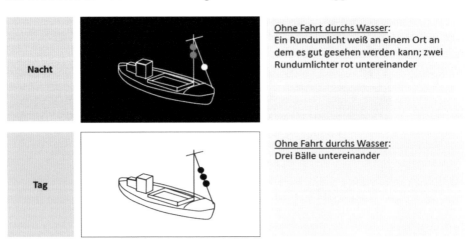

Nacht — <u>Ohne Fahrt durchs Wasser:</u> Ein Rundumlicht weiß an einem Ort an dem es gut gesehen werden kann; zwei Rundumlichter rot untereinander

Tag — <u>Ohne Fahrt durchs Wasser:</u> Drei Bälle untereinander

Abb. 58: Grundsitzer kürzer als 50 m

GRUNDSITZER ≥ 50 METER LÄNGE

Ein Grundsitzer ≥ 50 Meter Länge hat die folgenden Lichter und Flaggen zu führen:

Ein Rundumlicht weiß im vorderen Teil. An oder nahe des Hecks ein zweites Rundumlicht weiß, niedriger als das erste.

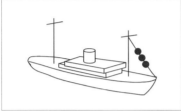

Drei Bälle untereinander

Abb. 59: Grundsitzer länger als 50 m

SCHLEPPVERBAND < 200 METER LÄNGE

Ein Schleppverband ist ein Verband mehrerer Fahrzeuge, bei dem ein schleppendes Fahrzeug ein oder mehrere andere Fahrzeuge schleppt. Ein Schleppverband ist aufgrund der Tatsache des Schleppens manövrierbehindert. Die Lichter- und Flaggenführung bei einem Schleppverband ist je nach Gesamtlänge des Schleppverbandes unterschiedlich. Ein Schleppverband von weniger als 200 Meter Länge hat die folgenden Lichter und Flaggen zu führen:

<u>Mit und ohne Fahrt durchs Wasser</u>:
2 Topplichter untereinander senkrecht, Seitenlichter, Hecklicht

Geschlepptes FZ: Seitenlichter rot und grün, weißes Hecklicht

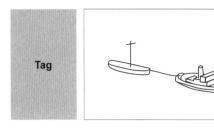

Mit und ohne Fahrt durchs Wasser:
Einen Rhombus

Tag

Abb. 60: Schleppverband kürzer als 200 m

SCHLEPPVERBAND ≥ 200 METER LÄNGE

Ein Schleppverband ≥ 200 Meter Länge hat die folgenden Lichter und Flaggen zu führen:

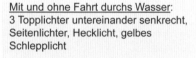

Nacht

Mit und ohne Fahrt durchs Wasser:
3 Topplichter untereinander senkrecht,
Seitenlichter, Hecklicht, gelbes
Schlepplicht

Geschlepptes FZ: Seitenlichter rot und
grün, weißes Hecklicht

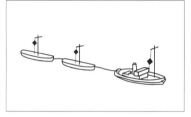

Tag

Mit und ohne Fahrt durchs Wasser:
Schlepper und geschleppte Fahrzeuge
je ein schwarzer Rhombus

Abb. 61: Schleppverband länger als 200 m

FAHRZEUGE MIT GEFÄHRLICHEN GÜTERN ODER NICHT ENTGASTE TANKER

Fahrzeuge mit gefährlichen Gütern und nicht entgaste Tanker haben aufgrund ihrer gefährlichen beziehungsweise entzündlichen Ladung die folgenden Lichter- und Flaggen zusätzlich zu führen:

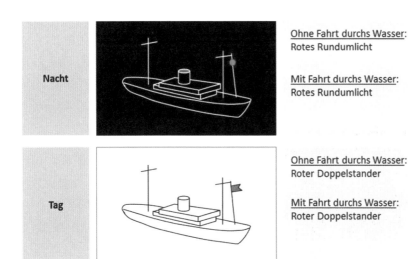

Abb. 62: Gefährliche Güter und nicht entgaste Tanker

FAHRZEUGE DES ÖFFENTLICHEN DIENSTES

Fahrzeuge des Öffentlichen Dienstes sind Fahrzeuge der Bundespolizei, der Bundeswehr oder Maschinenfahrzeuge, die Schießscheiben bei Übungen schleppen. Sie geben durch Leuchtkugeln mit weißen Blitzen zusätzliche Sichtzeichen ab.

Eine gleiche Pflicht der Lichterführung gilt auch für Fahrzeuge der Gesellschaft zur Rettung Schiffbrüchiger (DGZRS):

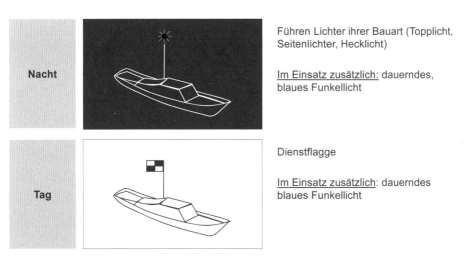

Abb. 63: Fahrzeuge des Öffentlichen Dienstes

KLEINERE FAHRZEUGE BEI TAUCHARBEITEN

Fahrzeuge bei Taucharbeiten sind manövrierbehindert. Es gilt die Flaggen- und Lichterführung wie bereits beschrieben. Für kleinere Fahrzeuge gilt abweichend diese Regelung:

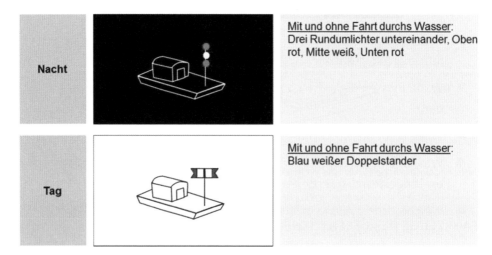

Nacht

<u>Mit und ohne Fahrt durchs Wasser</u>:
Drei Rundumlichter untereinander, Oben rot, Mitte weiß, Unten rot

Tag

<u>Mit und ohne Fahrt durchs Wasser</u>:
Blau weißer Doppelstander

Abb. 64: Fahrzeuge bei Taucharbeiten

Nachdem Sie das Kapitel „Lichter- und Flaggenführung" bearbeitet haben, sollten Sie die folgenden Prüfungsfragen beantworten können. Die Antwortmöglichkeiten können Sie sich mit Ihrem kostenlosen Testzugang im Online-Kurs SportbootführerscheinSee24 (siehe Begleitwort) herunterladen.

- Welches Signal führt ein Fahrzeug unter Segel, das als Maschinenfahrzeug gilt, zusätzlich am Tage?

- Wann müssen die Lichter von Fahrzeugen geführt oder gezeigt werden?

- Wozu dient die Lichterführung?

- Was für eine Laterne kann ein Segelfahrzeug von weniger als 20 Meter Länge anstelle der Seitenlichter und des Hecklichtes führen?

- Welche Lichter muss ein Fahrzeug unter Segel, das gleichzeitig mit Maschinenkraft fährt, führen?

- Welche Lichter führen geschleppte Fahrzeuge?

- Was bedeutet es, wenn jedes Fahrzeug eines Schleppverbandes einen schwarzen Rhombus führt?

- Welche Lichter führen manövrierunfähige Fahrzeuge von 12 und mehr Meter Länge in Fahrt, ohne Fahrt durch das Wasser?

- Welche Lichter führen manövrierunfähige Fahrzeuge von 12 und mehr Meter Länge in Fahrt mit Fahrt durch das Wasser?

- Welche Fahrzeuge führen nur Seitenlichter rot und grün und ein weißes Hecklicht?

- Was für ein Licht muss ein Ankerlieger von weniger als 50 Meter Länge führen?

- Wer gibt das Sichtzeichen „Leuchtkugeln mit weißen Sternen" und was ist zu beachten?

- Welches Licht muss ein Fahrzeug unter Segel von weniger als 12 Meter Länge oder ein Fahrzeug unter Ruder auf der Seeschifffahrtsstraße führen, wenn es die nach den Kollisionsverhütungsregeln (KVR) vorgeschriebenen Lichter nicht führen kann?

- Wann darf ein Maschinenfahrzeug von weniger als 7 Meter Länge auf Seeschifffahrtsstraßen nicht fahren, wenn es die nach den Kollisionsverhütungsregeln (KVR) vorgeschriebenen Lichter nicht führen kann?

- Welches Fahrzeug führt diese Lichter?

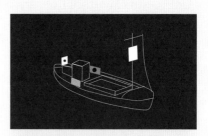

- Welches Fahrzeug muss diese Lichter führen?

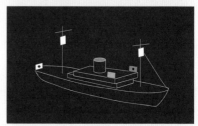

- Welches Fahrzeug führt diese Lichter?

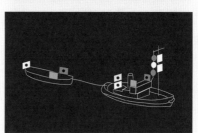

- Welches Fahrzeug führt diese Lichter?

- Welches Fahrzeug führt diese Lichter?

■ Welches Fahrzeug führt diese Lichter?

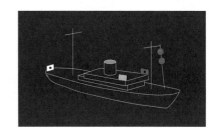

■ Welches Fahrzeug führt diese Signalkörper?

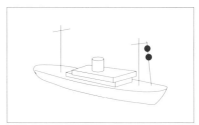

■ Welches Fahrzeug führt diese Lichter?

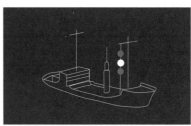

■ Welches Fahrzeug muss diese Lichter führen?

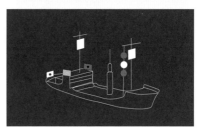

■ Welches Fahrzeug führt diese Signalkörper?

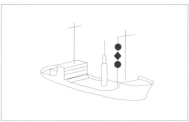

■ Welches Fahrzeug führt diese Lichter?

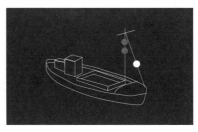

- Welches Fahrzeug führt diese Signalkörper?

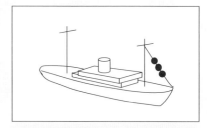

- Welches Fahrzeug führt diese Lichter?

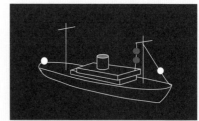

- Welches Fahrzeug muss diese Lichter führen?

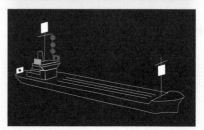

- Welches Fahrzeug führt diese Signalkörper?

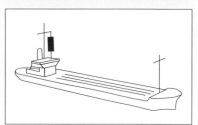

- Welches Fahrzeug muss diese Lichter führen?

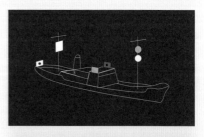

- Welches Fahrzeug führt diese Lichter?

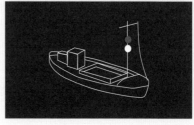

■ Welches Fahrzeug führt diese
Signalkörper?

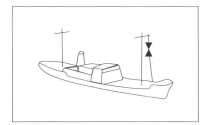

■ Was ist das für ein Fahrzeug
und was ist zu beachten?

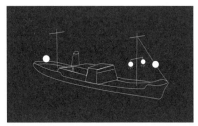

■ Was ist das für ein Fahrzeug
und was ist zu beachten?

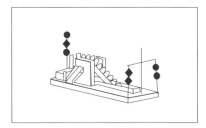

■ Was ist das für ein Fahrzeug
und was ist zu beachten?

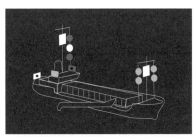

■ Was ist das für ein Fahrzeug
und was ist zu beachten?

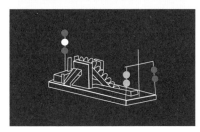

- Was ist das für ein Fahrzeug und was ist zu beachten?

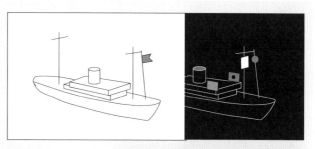

- Was ist das für ein Fahrzeug und was ist zu beachten?

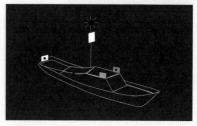

KAPITEL 5: SCHALLZEICHEN

Dieses Kapitel gibt Ihnen einen Überblick darüber, wie Schallzeichen gegeben werden und welche Bedeutung diese haben.

EINFÜHRUNG UND GRUNDBEGRIFFE

Schallzeichen dienen zum einen der klaren Verständigung von Schiffen untereinander, zum anderen dem Erkennen von Anlagen oder Schifffahrtshindernissen, wie beispielsweise von Brücken oder Schleusen.

Nach den Kollisionsverhütungsregeln werden die Manöver- und Schallsignale von Fahrzeugen bei verminderter und uneingeschränkter Sicht unterschieden. Die Schallzeichen werden in der Regel mit einem Signalhorn oder einer Pfeife gegeben. Grundsitzer und Ankerlieger geben ihre Schallsignale auch mit einer Glocke oder einem Gong.

Schallzeichen haben verschiedene Bedeutungen. Sie bestehen aus mindestens einem Ton, meistens jedoch aus einer Kombination von mehreren Tönen. Dabei werden zunächst lange Töne und kurze Töne unterschieden:

- ein kurzer Ton dauert circa 1 Sekunde und wird als Punkt dargestellt.
- ein langer Ton dauert circa 4 bis 6 Sekunden und wird als Balken dargestellt.

Die Pause zwischen aufeinander folgende Töne beträgt circa 1 Sekunde. Die folgende Übersicht zeigt alle Schallzeichen auf einen Blick.

Schallzeichen	Dauer	Darstellung
Kurzer Ton	circa 1 Sekunde	●
Langer Ton	circa 4-6 Sekunden	▬
Glockenschlag	-	🔔

| Rasches Läuten mit der Glocke | circa 5 Sekunden | |
| Gongschlag | - | |

Tab. 2: Übersicht Schallsignale

Ein Glockenschlag wird durch das einfache Symbol einer Glocke dargestellt. Rasches Läuten mit einer Glocke wird als bewegte Glocke, und der Gongschlag als einfaches Symbol eines Gongschlages dargestellt.

Je nach Länge des Fahrzeuges sind folgende Instrumente zur Abgabe von Schallsignalen für folgende Fahrzeugtypen mitzuführen:

- Fahrzeuge mit mindestens 12 Meter Länge ist das Mitführen einer Pfeife vorgeschrieben.

- Fahrzeuge mit mindestens 20 Meter Länge ist das Mitführen eine Glocke vorgeschrieben.

- Fahrzeuge mit mindestens 100 Meter Länge ist zusätzlich das Mitführen eines Gongs Pflicht.

SCHALLZEICHEN VON IN SICHT BEFINDLICHEN FAHRZEUGEN

Die folgende Übersicht zeigt Ihnen Manöverschallsignale, die Sie unbedingt sicher anwenden müssen. Grundlage sind die Regelungen in den Kollisionsverhütungsregeln, der Seeschifffahrtsstraßen-Ordnung und der Schifffahrtsordnung Emsmündung.

Schallzeichen	Darstellung	Bedeutung
Ein kurzer Ton	●	Kursänderung nach Steuerbord
Zwei kurze Töne	● ●	Kursänderung nach Backbord

Drei kurze Töne	● ● ●		Maschine läuft rückwärts
Mindestens fünf kurze Töne	● ● ● ● ●		Ein Ausweichpflichtiger wird auf seine Ausweichpflicht aufmerksam gemacht
Ein langer Ton	▬		Achtungssignal beim Ein- und Auslaufen in andere Fahrwasser und Häfen
Ein kurzer Ton und ein langer Ton	● ▬	5x pro Minute	Bleib-Weg-Signal, Gefahr durch gefährliche Güter (Gefahrenbereich verlassen, Explosionsgefahr. Feuer/Zündfunken vermeiden)
Ein langer Ton und vier kurze Töne (2 Gruppen)	▬ ● ● ● ● ▬ ● ● ● ●		Allgemeines Gefahren- und Warnsignal, zu geben, wenn ein Fahrzeug ein anderes gefährdet/ durch dieses selbst gefährdet ist
Ein kurzer, ein langer und zwei kurze Töne	● ▬ ● ●		Haltsignal: Anhalten! Wird von Fahrzeugen des öffentlichen Dienstes gegeben
Zwei lange Töne und ein kurzer Ton	▬ ▬ ●		Überholsignal: Signalgeber (Überholer) beabsichtigt das zu überholende Fahrzeug an der Steuerbordseite zu überholen
Zwei lange Töne und zwei kurze Töne	▬ ▬ ● ●		Überholsignal: Signalgeber (Überholer) beabsichtigt das zu überholende Fahrzeug an der Backbordseite zu überholen

Schallzeichen	Darstellung	Bedeutung
Ein langer Ton und ein kurzer Ton	▬ ● ▬ ●	Überholtes Fahrzeug signalisiert, dass es mit dem Überholmanöver einverstanden ist
Zwei lange Töne	▬ ▬	Aufforderungssignal: Öffnung der Schleuse, Brücke oder des Sperrwerks

Tab. 3: Übersicht Schallsignale von Fahrzeugen bei Sicht

SCHALLZEICHEN VON ANLAGEN

Die folgende Übersicht zeigt Ihnen die Bedeutung der Schallzeichen von Anlagen.

Schallzeichen	Darstellung	Bedeutung
Zwei Gruppen von drei langen Tönen	▬ ▬ ▬ / ▬ ▬ ▬	Sperrung der Seeschifffahrtsstraße, Weiterfahrt verboten
Vier kurze Töne	● ● ● ●	Anlage (Brücke, Schleuse, Sperrwerk) kann im Moment nicht geöffnet werden, Freigabe abwarten (Fahrt unterbrechen)
Zwei lange Töne, ein kurzer Ton, ein langer Ton	▬ ▬ ● ▬	Einfahrt in Anlage (Brücke, Schleuse, Sperrwerk) geöffnet, Durchfahrt erlaubt für seewärts fahrende Fahrzeuge
Zwei lange Töne, zwei kurze Töne, ein langer Ton	▬ ▬ ● ● ▬	Einfahrt in Anlage (Brücke, Schleuse, Sperrwerk) geöffnet, Durchfahrt erlaubt für binnenwärts fahrende Fahrzeuge

Tab. 4: Übersicht Schallsignale von Anlagen

SCHALLZEICHEN BEI VERMINDERTER SICHT

Bei verminderter Sicht ist die regelmäßige Abgabe von Schallzeichen für die Sicherheit des Verkehrs unbedingt erforderlich und vorgeschrieben. Dabei sind mindestens alle 2 Minuten Schallzeichen abzugeben.

Unterschiedliche Fahrzeuge müssen abhängig von ihrer Situation, Länge oder Fahrzeugart verschiedene Schallzeichen bei verminderter Sicht geben. Die folgende Übersicht zeigt Ihnen, welche Schallzeichen von welchen Fahrzeugen, in welcher Situation bei verminderter Sicht unbedingt zu geben sind:

Schallzeichen	Darstellung	Bedeutung
Ein langer Ton	Alle 2 Minuten	Maschinenfahrzeug in Fahrt mit Fahrt durchs Wasser
Zwei lange Töne	Alle 2 Minuten	Maschinenfahrzeug in Fahrt aber ohne Fahrt durchs Wasser (Maschine ist gestoppt)
Ein langer Ton und zwei kurze Töne	Alle 2 Minuten	1. Manövrierunfähiges Fahrzeug in Fahrt 2. Manövrierbehind. Fahrzeug in Fahrt/vor Anker 3. Schleppendes/schiebendes Fahrzeug in Fahrt 4. Tiefgangbehindertes Fahrzeug in Fahrt 5. Segelboote in Fahrt 6. Fischende Fahrzeuge in Fahrt/vor Anker
Ein langer Ton und drei kurze Töne	Alle 2 Minuten	Geschlepptes Fahrzeug

Tab. 5: Übersicht Schallsignale bei verminderter Sicht

Ankerlieger und Grundsitzer müssen abhängig von ihrer Länge mindestens jede Minute durch Glocken- bzw. Gongschläge folgende Schallsignale abgeben:

Schallzeichen	Darstellung	Bedeutung
Glockenschläge mind. 5 Sekunden pro Min.	5 Sekunden 1 x pro Minute	Ankerlieger < 100 m Länge
Glockenschläge mind. 5 Sekunden pro Min. danach 5 Sekunden rascher Gongschlag	5 Sekunden 1 x pro Minute, zusätzl. Gongschlag	Ankerlieger ≥ 100 m Länge
Kurzer Ton, langer Ton, kurzer Ton	● ▬ ●	Zusätzliches Schallsignal (Warnsignal) eines Ankerliegers
Glockenschläge mind. 5 Sekunden pro Min.	5 Sekunden 1 x pro Minute	Grundsitzer < 100 m Länge
Glockenläuten mit je 5 Sekunden rasches Läuten/Gong schlagen	5 Sekunden 5 Sekunden	Grundsitzer ≥ 100 m Länge

Tab. 6: Übersicht Schallsignale Ankerlieger und Grundsitzer

Nachdem Sie das Kapitel „Schallzeichen" bearbeitet haben, sollten Sie die folgenden Prüfungsfragen beantworten können. Die Antwortmöglichkeiten können Sie sich mit Ihrem kostenlosen Testzugang im Online-Kurs SportbootführerscheinSee24 (siehe Begleitwort) herunterladen.

- ■ Wie lang ist die Dauer eines kurzen Tons (●)?

- ■ Wie lang ist die Dauer eines langen Tons (—)?

- ■ Welche Bedeutung hat folgendes Schallsignal: (●—●—●—●—●—)?

- ■ Sie hören bei verminderter Sicht mindestens alle zwei Minuten einen langen Ton mit der Pfeife (—). Welches Fahrzeug gibt dieses Signal?

■ Sie hören bei verminderter Sicht mindestens alle zwei Minuten zwei aufeinander folgende lange Töne mit der Pfeife (— —). Welches Fahrzeug gibt dieses Signal?

■ Welche Fahrzeuge geben bei verminderter Sicht mindestens alle zwei Minuten drei aufeinander folgende Töne mit der Pfeife, und zwar lang, kurz, kurz (—●●)?

■ Welches Fahrzeug gibt bei verminderter Sicht – im Anschluss an das Signal: lang, kurz, kurz (—●●)– vier aufeinander folgende Töne mit der Pfeife, und zwar: lang, kurz, kurz, kurz (—●●●)?

■ Was für ein Schallsignal muss ein Segelfahrzeug in Fahrt von 12 Meter und mehr Länge bei verminderter Sicht geben?

■ Welches Schallsignal muss ein Fahrzeug in Fahrt von weniger als 12 Meter Länge bei verminderter Sicht geben, wenn es die sonst vorgeschriebenen Schallsignale nicht geben kann?

■ Welches Fahrzeug gibt bei verminderter Sicht mindestens jede Minute etwa 5 Sekunden lang rasches Läuten der Glocke?

■ Welches Fahrzeug gibt bei verminderter Sicht mindestens jede Minute etwa 5 Sekunden lang rasches Läuten der Glocke und unmittelbar danach ungefähr 5 Sekunden lang rasches Gongschlagen?

■ Welches zusätzliche Schallsignal darf jeder Ankerlieger bei verminderter Sicht geben, um einem sich nähernden Fahrzeug seinen Standort anzuzeigen?

■ Welche Bedeutung hat folgendes Schallsignal: (mindestens ●●●●●)?

■ Welche Bedeutung hat folgendes Schallsignal: (● — ●)?

■ Welches Schallsignal ist beim Einlaufen in Fahrwasser und Häfen zu geben, wenn die Verkehrslage es erfordert?

■ Welche Bedeutung hat folgendes Schallsignal: (—●●●●—●●●●)?

■ Wie lautet das „allgemeine Gefahr- und Warnsignal"?

■ Wann ist das „allgemeine Gefahr- und Warnsignal" zu geben?

■ Welche Bedeutung hat folgendes Schallsignal und was ist zu beachten: (●●●●)?

■ Welche Bedeutung hat folgendes Schallsignal: (● — ●●)?

■ Welche Bedeutung hat folgendes Schallsignal: (— — — — — —)?

Dieses Kapitel gibt Ihnen einen Überblick über die Bedeutung der Schifffahrtszeichen.

EINFÜHRUNG UND GRUNDBEGRIFFE

Schifffahrtszeichen dienen, genau wie Straßenverkehrszeichen an Land, der Regulierung des Verkehrs, also hier der Regulierung der Schifffahrt. Schifffahrtszeichen genießen besonderen Schutz.

> Merke: Schifffahrtszeichen unterliegen besonderem Schutz: Festmachen, Verändern, Beschädigen und Entfernen ist strengstens verboten.

Wir unterscheiden Schifffahrtszeichen nach:

- Tafelzeichen
- Signale an Seeschifffahrtsstraßen
- Signale an Schleusen und Brücken

TAFELZEICHEN

Unter Tafelzeichen versteht man fest als Tafel installierte Schifffahrtszeichen. Diese sind vergleichbar mit im Straßenverkehr fest installierten Verkehrsschildern. Folgende Tafelzeichen und ihre Bedeutung sollten Sie kennen:

Tafelzeichen	Bedeutung
	Begegnungsverbot, Vorfahrtsregeln beachten (auch Überholverbot)
	Überholverbot
	Überholverbot für Schleppverbände

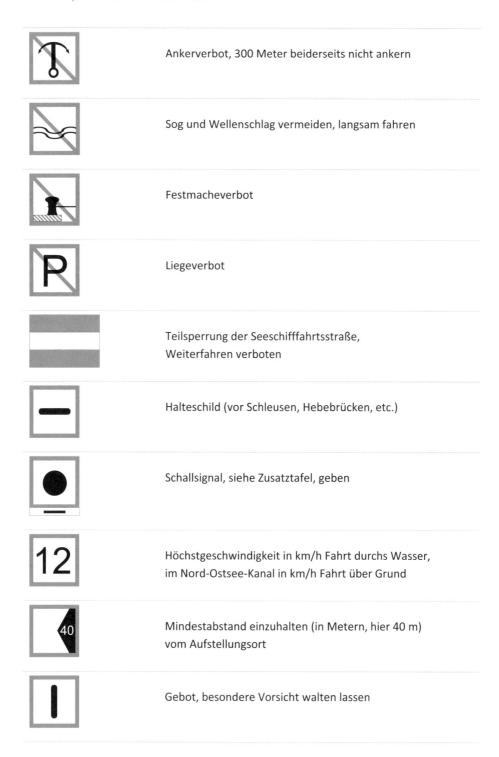

Ankerverbot, 300 Meter beiderseits nicht ankern

Sog und Wellenschlag vermeiden, langsam fahren

Festmacheverbot

Liegeverbot

Teilsperrung der Seeschifffahrtsstraße,
Weiterfahren verboten

Halteschild (vor Schleusen, Hebebrücken, etc.)

Schallsignal, siehe Zusatztafel, geben

Höchstgeschwindigkeit in km/h Fahrt durchs Wasser,
im Nord-Ostsee-Kanal in km/h Fahrt über Grund

Mindestabstand einzuhalten (in Metern, hier 40 m)
vom Aufstellungsort

Gebot, besondere Vorsicht walten lassen

Vorgeschriebene Fahrtrichtung

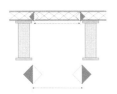 Verbot außerhalb der angezeigten Begrenzung zu fahren (gültig nicht für Fahrzeuge von weniger als 12 m Länge)

 Empfohlene Durchfahrtsöffnung bei Brücken für Verkehr in beiden Richtungen. Gegenverkehr ist möglich.

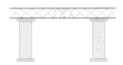 Empfohlene Durchfahrtsöffnung bei Brücken mit Verkehr nur in der Richtung, in der die Zeichen sichtbar sind. Gegenverkehr gesperrt

 Ende einer Verbots- oder Gebotsstrecke

 Erlaubnis zum Surfbrettfahren

 Erlaubnis zum Wasserskifahren

 Erlaubnis zum Wassermotorrad fahren

Fährstelle, frei fahrende Fähre

Fährstelle, nicht frei fahrende Fähre

Geschwindigkeitsbeschränkung vor Bereichen mit Badebetrieb auf 8 km/h Fahrt durch das Wasser

Kennzeichnung besonderer Gebiete und Stellen (beispielsweise Warngebiete, Fischereigründe)

Die Bedeutung kann aus der Seekarte entnommen und aus der Beschriftung des Zeichens erkannt werden

Sperrgebiet, Befahren für alle Fahrzeuge verboten!

Gesperrt für Maschinenfahrzeuge und Wassermotorräder wegen Badebetrieb

Anhalten wegen Fahrzeug des öffentlichen Dienstes

Tab. 7: Übersicht Tafelzeichen

SIGNALE AN SEESCHIFFFAHRTSSTRAßEN

Bei als Seeschifffahrtsstraßen ausgewiesenen Wasserflächen gibt es nach der Seeschifffahrtsstraßen-Ordnung wichtige Hinweiszeichen. Diese weisen auf Hindernisse, Fahrweisen oder Sperrungen hin. Die folgenden Signale an Seeschifffahrtsstraßen sollten Sie kennen:

Hinweiszeichen	Bedeutung
	Sperrung der gesamten Seeschifffahrtsstraße oder einer Teilstrecke bei <u>Tag</u> Zu erkennen an der Anordnung der schwarzen Sichtzeichen
	Sperrung der gesamten Seeschifffahrtsstraße oder einer Teilstrecke bei <u>Nacht</u> Zu erkennen an der Anordnung der Lichter: Rot – über Grün – über Weiß
	Außergewöhnliche Schifffahrtsbehinderung bei <u>Tag</u> Zu erkennen an der Anordnung der schwarzen Sichtzeichen
	Außergewöhnliche Schifffahrtsbehinderung bei <u>Nacht</u> Zu erkennen an der Anordnung der Lichter: Rot – über Rot – über Grün
	Verbot so schnell zu fahren, dass Gefährdungen durch Sog und Wellenschlag eintreten, bei <u>Tag</u> erkennbar an dem roten Signalkörper
	Verbot so schnell zu fahren, dass Gefährdungen durch Sog und Wellenschlag eintreten, bei <u>Nacht</u> erkennbar durch die Anordnung der Lichter: Weiß – über Rot – über Weiß

Tab. 8: Übersicht Signale an Seeschifffahrtsstraßen

SIGNALE AN SCHLEUSEN UND BRÜCKEN

An Schleusen und Brücken sind Lichter angebracht, die wie ein Ampelsystem im Straßenverkehr funktionieren. Sie weisen den Schiffsführer darauf hin, ob die Einfahrt beziehungsweise wann die Einfahrt möglich ist.

Signalzeichen	Bedeutung
	Durchfahren oder Einfahren verboten
	Durchfahren oder Einfahren verboten. Freigabe wird vorbereitet
	Durchfahren unter Beachtung der Vorfahrt des Gegenverkehrs möglich
	Brücke steht in der ersten Hubstufe und kann durchfahren werden
	Durchfahren oder Einfahren geboten; Gegenverkehr gesperrt
	Durchfahren oder Einfahren geboten; Gegenverkehr möglich
	Ausfahren aus der Schleuse verboten
	Ausfahren aus der Schleuse geboten
	Anlage ist für die Schifffahrt gesperrt

Tab. 9: Übersicht Signale an Schleusen und Brücken

Nachdem Sie das Kapitel „Schifffahrtszeichen" bearbeitet haben, sollten Sie die folgenden Prüfungsfragen beantworten können. Die Antwortmöglichkeiten können Sie sich mit Ihrem kostenlosen Testzugang im Online-Kurs SportbootführerscheinSee24 (siehe Begleitwort) herunterladen.

- Woran ist ein militärisches Warngebiet zu erkennen, das wegen Schießübungen für die Schifffahrt gesperrt ist?

- Welche Bedeutung hat das jeweilige Tafelzeichen?

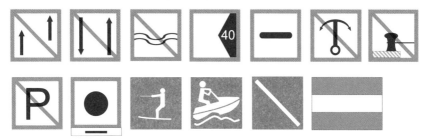

- Welche Bedeutung haben nebenstehende Schifffahrtszeichen?

- Was bedeuten diese Lichter vor einer Schleuse?

- Welche Bedeutung hat dieses Tafelzeichen?

- Welche Bedeutung haben die jeweiligen Sichtzeichen?

■ Welche Bedeutung haben die jeweiligen Schifffahrtszeichen?

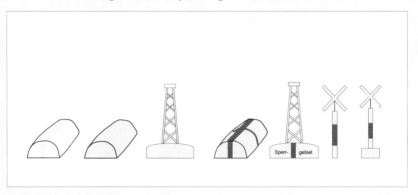

■ Welche Bedeutung hat nebenstehendes Flaggensignal?

■ Welche Bedeutung haben folgende Sichtzeichen?

   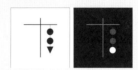

Dieses Kapitel erklärt Ihnen die Bedeutung und die Funktionsweise der Befeuerung.

EINFÜHRUNG UND GRUNDBEGRIFFE

Unter Befeuerung versteht man Lichtsignale von Anlagen, beispielsweise von Leuchttürmen, Häfen oder Schifffahrtszeichen, die der Navigation der Schifffahrt dienen.

In der Seekarte sind befeuerte Anlagen und Zeichen eingetragen, und es gibt in der Seeschifffahrt sogenannte Leuchtfeuerverzeichnisse. Das Leuchtfeuerverzeichnis des Bundesamts für Hydrographie enthält eine detaillierte Beschreibung aller festen Leuchtfeuer und Großtonnen. In den Nachrichten für Seefahrer werden regelmäßig Veränderungen der Befeuerung veröffentlicht.

Die Leuchtfeuer lassen sich nach folgenden Merkmalen unterscheiden:

- Lage des befeuerten Objektes, beispielsweise Hafeneinfahrten, Leuchttürme oder Fahrwasserbegrenzungen (Tonnen)
- Farbe
- Art des Lichtsignals (unterbrochenes oder ununterbrochenes Licht)
- Dauer der Lichterscheinung/Verdunklung (Frequenz usw.)
- Sichtweite des Lichtes
- Höhe der Lichtquelle

FARBEN DER LICHTSIGNALE

Die befeuerten Zeichen und Anlagen sind durch die Farbe ihrer Lichter zu unterscheiden. So werden bei Fahrwassern oder Hafeneinfahrten die Tonnen der Steuerbordseite mit grünen, die Tonnen der Backbordseite mit roten Lichtern befeuert. Gefahrenstellen werden meist mit weißen Lichtern befeuert. Orientierungshilfen wie Steuer- oder Quermarkenfeuer haben meist mehrere unterschiedliche Farben.

ARTEN VON LICHTERSCHEINUNGEN

Zunächst lassen sich die Lichterscheinungen durch die unterschiedlichen Lichtarten in Festfeuer und unterbrochene Feuer unterteilen. Ein Festfeuer ist ein dauerhaft leuchtendes Licht. Bei unterbrochenen Feuern wechseln Lichterscheinung und Verdunklung einander ab.

Dabei werden diese Wechselerscheinungen noch nach ihrer Wechselgeschwindigkeit und der Dauer der Lichterscheinungen beziehungsweise Verdunklungen weiter unterteilt in:

- Gleichtaktfeuer
- Funkelfeuer
- Blitzfeuer
- Blinkfeuer

Die folgende Übersicht zeigt diese unterschiedlichen Lichtsignale und ihre Kennungen in der Seekarte:

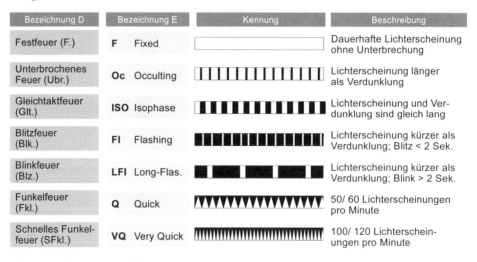

Bezeichnung D	Bezeichnung E		Kennung	Beschreibung
Festfeuer (F.)	F	Fixed		Dauerhafte Lichterscheinung ohne Unterbrechung
Unterbrochenes Feuer (Ubr.)	Oc	Occulting		Lichterscheinung länger als Verdunklung
Gleichtaktfeuer (Glt.)	ISO	Isophase		Lichterscheinung und Verdunklung sind gleich lang
Blitzfeuer (Blk.)	Fl	Flashing		Lichterscheinung kürzer als Verdunklung; Blitz < 2 Sek.
Blinkfeuer (Blz.)	LFl	Long-Flas.		Lichterscheinung kürzer als Verdunklung; Blink > 2 Sek.
Funkelfeuer (Fkl.)	Q	Quick		50/ 60 Lichterscheinungen pro Minute
Schnelles Funkelfeuer (SFkl.)	VQ	Very Quick		100/ 120 Lichterscheinungen pro Minute

Abb. 65: Lichtsignale und ihre Kennungen

WIEDERKEHR UND GRUPPEN

Zur weiteren Unterscheidung und Kennzeichnung erscheinen die Feuer in Kombinationen aus langen und kurzen Lichterscheinungen und auch in zusammenhängenden Gruppen. Beispielsweise ist in der folgenden Darstellung eine zusammenhängende Gruppe, die aus neun kurzen Lichterscheinungen besteht, dargestellt.

Gruppen und Wiederkehr lassen sich wie folgt unterscheiden:

- Gruppe: Eine Gruppe ist eine zusammenhängende Anzahl an gleichartigen Lichterscheinungen.

- Wiederkehr: Unter Wiederkehr wird die Dauer verstanden, nach welcher sich der Wiederbeginn der Lichterscheinung wiederholt. Die Angabe erfolgt dabei in der Regel in Sekunden (s).

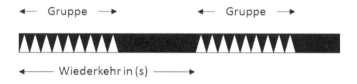

Abb. 66: Darstellung Wiederkehr und Gruppe

SICHTWEITE UND LICHTE HÖHE DER LEUCHTFEUER

Wie bei der Lichterführung von Fahrzeugen gibt es auch bei der Befeuerung von Anlagen Lichter mit verschiedenen Tragweiten. Bei markanten Leuchtfeuern, wie etwa bei Leuchttürmen, ist oft zusätzlich die lichte Höhe der Lichtquelle zur besseren Erkennung im Leuchtfeuerverzeichnis und in der Seekarte angegeben.

Wir betrachten folgendes Beispiel eines Leuchtfeuers, das in der Seekarte in unserem Beispiel als Fl(2)G 8s 26m 18M eingetragen ist.

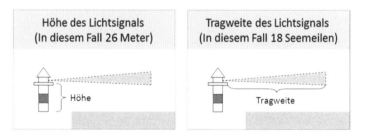

Abb. 67: Höhe und Tragweite eines Lichtsignals

Bei diesem Leuchtfeuer handelt es sich also zunächst um ein grünes Blitzlicht mit einer Gruppe von 2 Lichterscheinungen und einer Wiederkehr der Gruppe von 8 Sekunden.

In diesem Beispiel sind die Zusatzinformationen 26m und 18M angehängt. Diese haben die folgende Bedeutung:

▒ 26m steht hierbei für die Höhe des Lichtsignals: In diesem Fall 26 Meter.

▒ 18 M gibt die Tragweite des Lichtsignals an: In diesem Fall 18 Seemeilen.

FEUERARTEN

Im Wesentlichen lassen sich befeuerte Fahrwassertonnen und fest installierte Orientierungsfeuer unterscheiden:

▒ Auf See: befeuerte Fahrwassertonnen, wie beispielsweise die Backbordtonne des Fahrwassers

▒ An Land: installierte Orientierungsfeuer, wie beispielsweise ein Hafenfeuer

Die Befeuerung der Fahrwasserbetonnung wird ausführlich in Kapitel 8 „Betonnung" behandelt. Im Folgenden wird vorerst auf die Befeuerung von fest an Land installierten Orientierungsfeuern eingegangen.

HAFENFEUER

Einfache Hafeneinfahrten wie beispielsweise die Einfahrten von Sporthäfen sind durch ein Hafenfeuer gekennzeichnet. Von See aus gesehen ist dabei die Steuerbordseite mit grüner, die Backbordseite mit roter Befeuerung gekennzeichnet. So ist einfach erkennbar, wo die Hafeneinfahrt liegt und wie in den Hafen eingefahren werden muss.

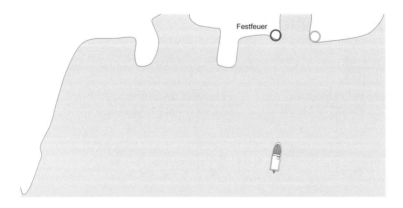

Abb. 68: Hafenfeuer

LEITFEUER

Leitfeuer sind Sektorenfeuer mit unterschiedlichen Kennungen und Farben. Sie kennzeichnen Fahrwasser, Hafeneinfahrten oder freien Seeraum zwischen Untiefen. Leitfeuer bestehen aus einem weißen Leitsektor, welcher die optimale Fahrlinie im Fahrwasser kennzeichnet, und zwei farbigen Warnsektoren. Fährt man in einem der Warnsektoren, sollte man wieder zurück in den Leitsektor fahren.

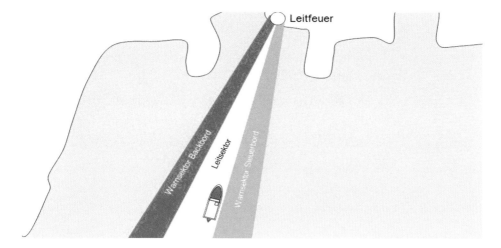

Abb. 69: Leitfeuer

Fährt man im Leitsektor, so sieht man das weiße Lichtsignal. Fährt man steuerbords des Leitsektors ist das grüne, und backbords das rote Festfeuer der Warnsektoren zu sehen.

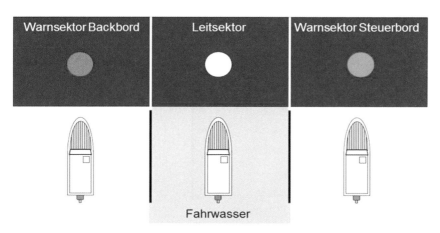

Abb. 70: Orientierung mittels Leitfeuer

Wird das Fahrwasser bei eingeschränkter Sicht zum Ein- oder Auslaufen genutzt, so ist es wichtig, nicht exakt im Leitsektor zu fahren, sondern leicht nach Steuerbord versetzt, um Kollisionen mit dem Gegenverkehr zu vermeiden.

RICHTFEUER

Ein Richtfeuer dient dazu, einem Fahrzeug in Gewässern mit Hindernissen einen möglichst idealen Fahrweg aufzuzeigen.

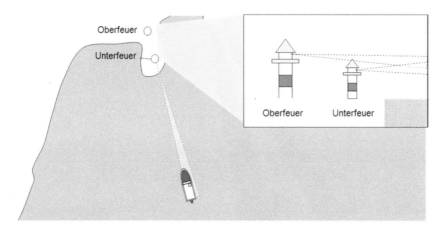

Abb. 71: Richtfeuer

Das Richtfeuer besteht dabei aus einem Oberfeuer und einem Unterfeuer. Beide Feuer sind hintereinander aufgestellt, sind unterschiedlich hoch und erzeugen so eine Richtfeuerlinie. An dieser „Richtlinie" sollten Sie sich als Schiffsführer orientieren und gegebenenfalls Ihren Kurs korrigieren.

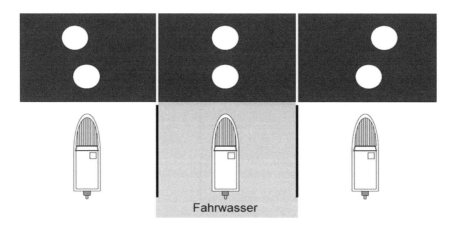

Abb. 72: Orientierung mittels Richtfeuer

Fährt man exakt in der Richtfeuerlinie, sieht man beide Lichtsignale direkt übereinander. Fährt man steuerbord oder backbord versetzt zur Richtlinie, sieht man die beiden Lichtsignale leicht nebeneinander. So ist jederzeit erkennbar, wie der Kurs zu manövrieren ist, um wieder auf due ideale Fahrlinie zu gelangen. Wird das Fahrwasser zum Ein- oder Auslaufen genutzt, ist es wichtig, nicht exakt auf der Richtlinie zu fahren, sondern leicht nach Steuerbord versetzt, um Kollisionen mit dem Gegenverkehr zu vermeiden.

QUERMARKENFEUER

Ein Quermarkenfeuer ist ein Sektorenfeuer mit verschiedenen Kennungen und Farben, das quer zum Kurs leuchtet. Das Quermarkenfeuer kennzeichnet den Bereich, in dem der Schiffsführer eine Kursänderung vorzunehmen hat. Das Feuer besteht aus zwei weißen Ankündigungssektoren und einem farbigen Kursänderungssektor. Ist das Schiff im Kursänderungssektor, ist der Kurs auf einen neuen Kurs, meist durch ein Richtfeuer gekennzeichnet, zu ändern.

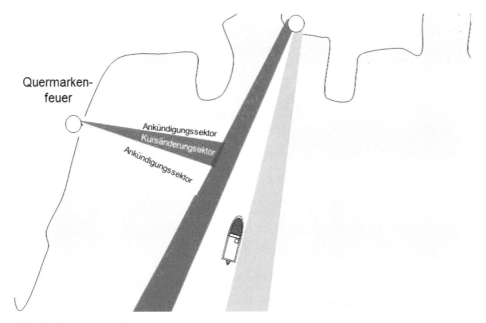

Abb. 73: Quermarkenfeuer

Fährt man im weißen Signallicht des Ankündigungssektors, sollte man sich auf die Kursänderung vorbereiten. Im roten Licht des Kursänderungssektors erfolgt dann die Kursänderung.

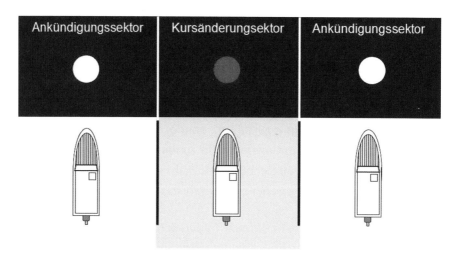

Abb. 74: Orientierung mittels Quermarkenfeuer

Nachdem Sie das Kapitel „Befeuerung" bearbeitet haben, sollten Sie die folgenden Prüfungsfragen beantworten können. Die Antwortmöglichkeiten können Sie sich mit Ihrem kostenlosen Testzugang im Online-Kurs SportbootführerscheinSee24 (siehe Begleitwort) herunterladen.

- Was versteht man unter einem Leitfeuer?
- Wie navigiert man mittels eines Leitfeuers?
- Was versteht man unter einem Richtfeuer?
- Was versteht man unter einem Quermarkenfeuer?
- Wie navigiert man mittels eines Quermarkenfeuers?
- Was versteht man unter einem unterbrochenen Feuer?
- Was versteht man unter einem Blinkfeuer?
- Was versteht man unter einem Blitzfeuer?
- Was versteht man unter einem Funkelfeuer?
- Was versteht man unter einem Gleichtaktfeuer?
- Was versteht man unter der Wiederkehr eines Leuchtfeuers?

Dieses Kapitel erklärt Ihnen die besondere Bedeutung der Betonnungssysteme von Fahrwassern und Gefahrenstellen.

EINFÜHRUNG UND GRUNDBEGRIFFE

Unter Betonnung wird die Kennzeichnung von Fahrwasserbegrenzungen und Schifffahrtshindernissen durch spezielle Schifffahrtszeichen, den sogenannten Tonnen, verstanden.

Tonnen sind sinngemäß Schifffahrtszeichen mit erweiterten Funktionen. Tonnen geben Lichtsignale und teilweise Geräusche ab, um auch bei Nacht und eingeschränkter Sicht wahrgenommen zu werden. Die Betonnung dient der Orientierung und Warnung der Schifffahrt vor drohenden Gefahren. Die Kennzeichnung erfolgt dabei nach dem einheitlichen Betonnungssystem der IALA (International Association of Lighthouse Authorities).

LATERALZEICHEN UND KARDINALZEICHEN

Die Tonnen werden in Tonnen des Lateralsystems und des Kardinalsystems unterschieden:

▦ Lateralsystem: Das Lateralsystem dient zur Kennzeichnung von Fahrwassern. Lateralzeichen kennzeichnen und begrenzen also Fahrwasser und Seeschifffahrtsstraßen mit einer seitlichen Betonnung.

▦ Kardinalsystem: Es dient zur Kennzeichnung von Hindernissen und Untiefen. Es weist durch Zeichen auf die Richtung der Passierbarkeit hin. Kardinalzeichen warnen die Schifffahrt also vor Schifffahrtshindernissen.

Die Tonnen sind in der Seekarte eingezeichnet und lassen sich nach ihrer Art, Bezeichnung, Form, Farbe, Befeuerung, Kennung und Art ihrer Toppzeichen unterscheiden. Eine Tonne ist ein über der Wasseroberfläche gut sichtbarer schwimmender Körper, der aus folgenden Elementen besteht:

▦ Toppzeichen (es gibt unterschiedliche Formen)

▦ Befeuerung (Farbe des Lichtsignals der Tonne)

▦ Kennung der Tonne (Art der Befeuerung und Art des Geräusch der Tonne)

▦ Form der Tonne

■ Farbe der Tonne

■ Name, Bezeichnung beziehungsweise
Nummer der Tonne

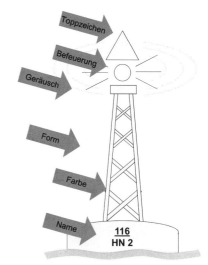

Abb. 75: Merkmale von Tonnen

FORMEN VON TONNEN

Tonnen gibt es in einer Vielzahl von Formen. Es lassen sich die folgenden
Grundformen unterscheiden:

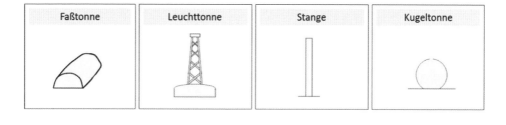

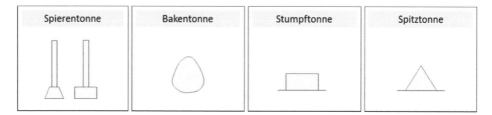

Abb. 76: Arten von Tonnen

KENNZEICHNUNG VON TONNEN IN DER SEEKARTE

In der Seekarte sind Tonnen stets mit ihrer Bezeichnung und ihren Merkmalen
eingetragen. So lassen sich diese leicht in der Realität erkennen und ihrer Ein-

tragung in der Seekarte zuordnen. Folgende Angaben finden Sie zu einer Tonne in der Seekarte:

- Kennung: Sie bezeichnet die Befeuerung beziehungsweise das Lichtsignal der Tonne. Konkret sind dies die Art des Lichts, die Farbe des Lichts und die Wiederkehr der Lichterscheinungen.

- Geräuschkennung: Hierunter wird die Bezeichnung des Geräusches der Tonne verstanden. Die häufigsten Geräuscharten sind Heultonnen (Whis) und Glockentonnen (Bell). Nicht jede Tonne gibt Geräuschsignale ab.

- Bezeichnung der Tonne: Dies ist der Name der Tonne, wie im folgenden Beispiel die Tonne „Falshöft".

Am Beispiel der Tonne „Falshöft" betrachten wir nun die Bezeichnungen und deren Bedeutung im Detail. Die Tonne ist in der Seekarte als „Fl(2) G.8s Whis Falshöft" bezeichnet.

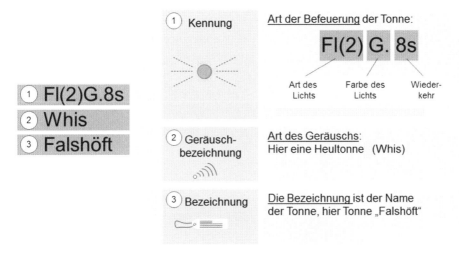

Abb. 77: Kennzeichnung der Tonne Falshöft

Die unterschiedlichen Leuchtfeuerarten wurden bereits im vorigen Kapitel ausführlich behandelt.

Die Tonne Falshöft ist also ein Lateralzeichen mit grüner Lichterscheinung und Geräuschkennung (Heultonne „whis"). Es handelt sich dabei um ein Blitzlicht (Fl „flashlight") mit einer Gruppe von 2 Blitzen in grüner Farbe und einer Wiederholung von 8 Sekunden, das heißt dass sich alle 8 Sekunden die Blitzlichterscheinung (2 Blitze) wiederholt. Die Bezeichnung der Tonne „Falshöft" leitet sich im Übrigen aus der geografischen Nähe der Tonne zum Ort Falshöft in der Flensburger Außenförde ab.

LATERALSYSTEM: BEZEICHNUNG DES FAHRWASSERS

In Europa, Asien und Afrika kommt einheitlich das Lateralsystem „A" zur Anwendung. Nach diesem System werden Fahrwasser einheitlich auf der Backbordseite durch rote Tonnen mit roten Zylindern als Toppzeichen und auf der Steuerbordseite mit grünen Tonnen und grünen Kegeln als Toppzeichen begrenzt. Die Bezeichnung der Seiten der Fahrwasser erfolgt grundsätzlich anhand eines von See kommenden Fahrzeuges.

Die Tonnen der Steuerbordseite und der Backbordseite unterscheiden sich nach ihrer Nummerierung:

- Steuerbordseite: Die Nummerierung der Tonnen auf der Steuerbordseite ist immer ungerade. Sie beginnt von See in Richtung Land immer mit der Nummer 1.

- Backbordseite: Die Nummerierung der Backbordseite ist immer gerade und beginnt mit der Nummer 2 von See in Richtung Land.

Tonne der Backbordseite	Tonne der Steuerbordseite

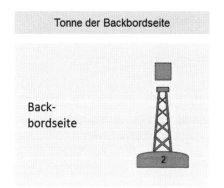
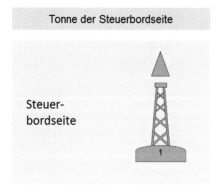

Abb. 78: Tonnen Backbordseite und Steuerbordseite

BETONNUNG DER STEUERBORDSEITE DES FAHRWASSERS

Grüne Tonnen bezeichnen grundsätzlich die Steuerbordseite eines Fahrwassers. Sie können wie in der Darstellung gezeigt unterschiedliche Formen haben. An der Nummer 1 erkennen Sie, dass es sich hier von See kommend um die erste Tonne eines Fahrwassers handelt.

 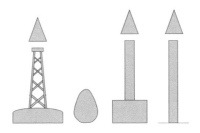 

Steuerbordseite des
Fahrwassers, erste Tonne
von See beginnend

Steuerbordseite des Fahrwassers

Steuerbordseite des
Fahrwassers in
Wattgebieten

Abb. 79: Betonnung Steuerbordseite

BETONNUNG DER BACKBORDSEITE DES FAHRWASSERS

Rote Tonnen bezeichnen grundsätzlich die Backbordseite eines Fahrwassers. Auch die Backbordtonnen können unterschiedliche Formen haben. An der Nummer 2 erkennen Sie, dass es sich hier von See kommend um die erste Tonne eines Fahrwassers handelt.

 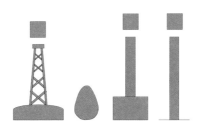 

Backbordseite des
Fahrwassers, erste Tonne
von See beginnend

Backbordseite des Fahrwassers

Backbordseite des
Fahrwassers in
Wattgebieten

Abb. 80: Betonnung Backbordseite

BETONNUNG FAHRWASSERMITTE, KREUZUNGEN, ABZWEIGUNGEN UND EINMÜNDUNGEN

Auf stark befahrenen Fahrwassern werden auch oft die Mitte von Schifffahrtswegen, Abzweigungen und Einmündungen ausgewiesen. Erkennbar sind diese Tonnen dann durch eine veränderte Farbgebung oder ein abweichendes Toppzeichen.

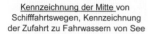

| Kennzeichnung der Mitte von Schifffahrtswegen, Kennzeichnung der Zufahrt zu Fahrwassern von See | Steuerbordseite des durchgehenden Fahrwassers, Backbordseite des abzweigenden Fahrwassers | Backbordseite des durchgehenden Fahrwassers, Steuerbordseite des einmündenden Fahrwassers |

Abb. 81: Betonnung Fahrwasser

Die Mitte eines Fahrwassers ist durch einen Ball als Toppzeichen und durch einen rot-weiss-gestreiften Anstrich zu erkennen.

Bei Fahrwasserkreuzungen erkennt man die Steuerbord- bzw. Backbordseite des durchgehenden Fahrwassers am Toppzeichen und am Anstrich. Diese haben oben und unten die Farbe des durchgehenden Fahrwassers, in der Mitte die des abzweigenden bzw. des kreuzenden Fahrwassers. Die folgende Grafik fasst die unterschiedlichen Arten von Fahrwassertonnen zusammen.

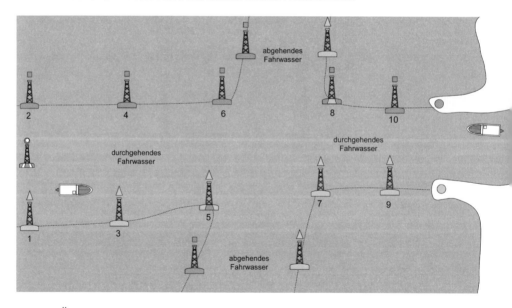

Abb. 82: Übersicht Betonnung Fahrwasser

BEFEUERUNG TONNEN STEUERBORD UND BACKBORD

Fahrwassertonnen sind entweder mit Blitzlichtern, Funkelfeuern oder unterbrochenen Lichterscheinungen in ihrer jeweiligen Farbe, also rot oder grün, befeuert. In der Darstellung ist die Kennung jeweils beispielhaft illustriert als Funkelfeuer „Q" beziehungsweise „Fkl.".

Steuerbordtonne

Die Tonnen auf der Steuerbordseite haben folgende Feuerkennung:
Blitz, Funkelfeuer oder unterbrochenes Licht in grün

Backbordtonne

Die Tonnen auf der Backbordseite haben folgende Feuerkennung:
Blitz, Funkelfeuer oder unterbrochenes Licht in rot

Abb. 83: Befeuerung Steuerbordtonne und Backbordtonne

BEFEUERUNG TONNEN VON ABZWEIGUNGEN UND EINMÜNDUNGEN

Tonnen, die Abzweigungen und Einmündungen von Fahrwassern kennzeichnen, haben ein Blitzlicht mit einer Gruppe von 2 Blitzen und einem weiteren Blitz in der Farbe des Hauptfahrwassers, dargestellt in der Karte mit „Flash Light (2+1) beziehungsweise Blitzlicht (2+1)".

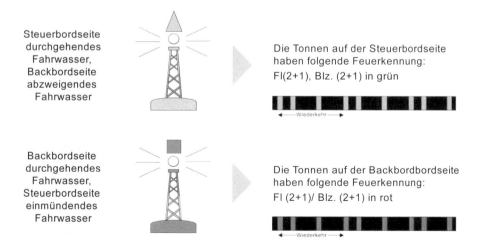

Steuerbordseite durchgehendes Fahrwasser, Backbordseite abzweigendes Fahrwasser

Die Tonnen auf der Steuerbordseite haben folgende Feuerkennung:
Fl(2+1), Blz. (2+1) in grün

Backbordseite durchgehendes Fahrwasser, Steuerbordseite einmündendes Fahrwasser

Die Tonnen auf der Backbordbordseite haben folgende Feuerkennung:
Fl (2+1)/ Blz. (2+1) in rot

Abb. 84: Befeuerung Tonnen Abzweigungen und Einmündungen

BEFEUERUNG DER FAHRWASSERMITTE

Tonne Mitte des Fahrwassers

Die Tonnen in der Fahrwassermitte haben folgende Feuerkennung:

weißes Gleichtaktfeuer oder unterbrochenes Licht

Abb. 85: Befeuerung Fahrwassermitte

Die Tonnen in der Fahrwassermitte haben als Feuerkennung:

ein weißes Gleichtaktfeuer; Darstellung mit „Iso" oder „Glt":

oder ein unterbrochenes Licht; Darstellung „Oc" beziehungsweise „Ubr.":

KARDINALSYSTEM: BEZEICHNUNG VON GEFAHRENSTELLEN

Gefahrenstellen für die Schifffahrt werden durch sogenannte Kardinalzeichen gekennzeichnet. Diese Zeichen geben an, wo die Gefahrenstelle liegt und an welcher Seite sie passiert werden kann. Grundsätzlich wird zwischen Allgemeinen Gefahrenstellen und Einzelgefahrenstellen unterschieden.

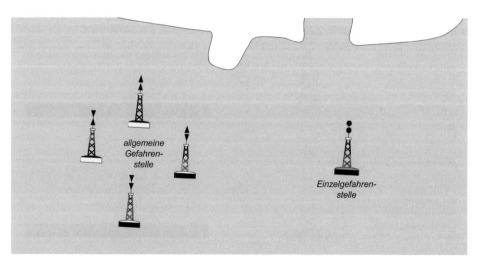

Abb. 86: Allgemeine Gefahrenstelle und Einzelgefahrenstelle

BETONNUNG EINZELGEFAHRENSTELLEN

Eine Einzelgefahrenstelle ist eine punktuelle Gefahrenstelle für die Schifffahrt. Sie ist von geringerem Ausmaß und kann an allen Seiten passiert werden. Die Kennzeichnung erfolgt daher durch eine einzige Tonne mit schwarz-rot-schwarzem Anstrich und zwei schwarzen Bällen als Toppzeichen. Die Befeuerung ist ein weißes Blitzlicht mit einer Gruppe von 2 Blitzlichtern. Die Darstellung in der Karte erfolgt mit „Fl(2) beziehungsweise Blz.(2)"

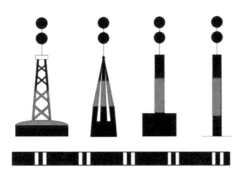

Einzelgefahrenstelle, ich kann an allen Seiten passieren.
Erkennbar am Toppzeichen und der Farbgebung, exklusive
Feuerkennung: FL 2w (2 weiße Blitze)

Abb. 87: Betonnung Einzelgefahrenstelle

BETONNUNG ALLGEMEINE GEFAHRENSTELLEN

Allgemeine Gefahrenstellen sind Gefahrenstellen für die Schifffahrt von größerem Ausmaß. Aus diesem Grund sind sie mit mehreren Tonnen, von jeder geografischen Seite aus mit unterschiedlichen Tonnen, gekennzeichnet. Die Tonne zeigt dabei ihre Position zur Gefahrenstelle und die mögliche Passierbarkeit an. Erkennbar und unterscheidbar ist dies am unterschiedlichen Toppzeichen, an der Farbgebung und an der Befeuerung.

Die Tonne in Abb. 88 liegt nördlich der Gefahrenstelle, Toppzeichen 2 schwarze Kegel mit Spitze oben, Anstrich schwarz über gelb, weißes Funkelfeuer oder schnelles Funkelfeuer.

Die Tonne in Abb. 89 liegt südlich der Gefahrenstelle, Toppzeichen 2 schwarze Kegel mit Spitze unten, Anstrich gelb über schwarz, weiße Befeuerung „Q(6)+ LFl beziehungsweise Fkl.(6)+Blk oder VQ(6)+LFl beziehungsweise SFkl.(6)+Blk".

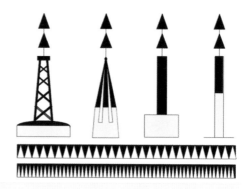

Abb. 88: Allgemeine Gefahrenstelle – Tonne nördlich

Allgemeine Gefahrenstelle – die Tonne liegt nördlich der Gefahrenstelle; ich passiere nördlich (erkennbar am Toppzeichen und an der Farbgebung).

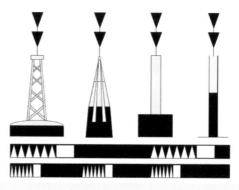

Abb. 89: Allgemeine Gefahrenstelle – Tonne südlich

Allgemeine Gefahrenstelle – die Tonne liegt südlich der Gefahrenstelle; ich passiere südlich (erkennbar am Toppzeichen und an der Farbgebung).

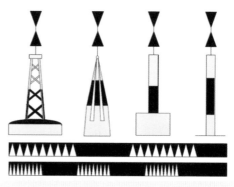

Abb. 90: Allgemeine Gefahrenstelle – Tonne westlich

Allgemeine Gefahrenstelle – die Tonne liegt westlich der Gefahrenstelle; ich passiere westlich (erkennbar am Toppzeichen und an der Farbgebung).

Die Tonne in Abb. 90 liegt westlich der Gefahrenstelle, Toppzeichen 2 schwarze Kegel mit Spitze zueinander, Anstrich gelb über schwarz über gelb, weiße Befeuerung „Q(9) beziehungsweise Fkl.(9) oder VQ(9) beziehungsweise SFkl.(9)":

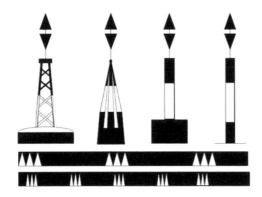

Allgemeine Gefahrenstelle – die Tonne liegt östlich der Gefahrenstelle; ich passiere östlich (erkennbar am Toppzeichen und an der Farbgebung).

Abb. 91: Allgemeine Gefahrenstelle – Tonne östlich

Die Tonne in Abb. 91 liegt östlich der Gefahrenstelle, Toppzeichen 2 schwarze Kegel mit Spitze weg voneinander, Anstrich schwarz über gelb über schwarz, weiße Befeuerung „Q(3) beziehungsweise Fkl.(3) oder VQ(3) beziehungsweise SFkl.(3)":

NEUE ALLGEMEINE GEFAHRENSTELLE

Gefahrenstellen, die noch nicht in den nautischen Veröffentlichungen berücksichtigt sind, werden als neue Gefahrenstellen bezeichnet. Dies können beispielsweise kürzlich hinzugekommene Wracks sein. Ihre Kennzeichnung erfolgt dabei analog der einer Einzelgefahrenstelle oder der einer allgemeinen Gefahrenstelle. Die Kennzeichnung erfolgt dabei mindestens durch ein doppeltes Sichtzeichen. In unserem Beispiel kann die neue Gefahrenstelle südlich passiert werden.

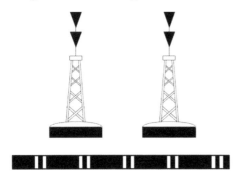

Neue allgemeine Gefahrenstelle – die Tonne liegt südlich der Gefahrenstelle; ich passiere südlich (erkennbar am Toppzeichen und an der Farbgebung).

Abb. 92: Neue allgemeine Gefahrenstelle

Nachdem Sie das Kapitel „Betonnung" bearbeitet haben, sollten Sie die folgenden Prüfungsfragen beantworten können. Die Antwortmöglichkeiten können Sie sich mit Ihrem kostenlosen Testzugang im Online-Kurs SportbootführerscheinSee24 (siehe Begleitwort) herunterladen.

■ Welche Bedeutung hat folgende Kennung: „Oc (2) R. Whis."?

■ Welche Kennung und Farbe haben die Feuer der Leuchttonnen an der Steuerbordseite des Fahrwassers?

■ Welche Kennung und Farbe haben die Feuer der Leuchttonnen an der Backbordseite des Fahrwassers?

■ Welche Bedeutung hat das Feuer einer Leuchttonne mit folgender Kennung: Fl. (2)?

■ Welche Bedeutung haben nebenstehende Tonnen?

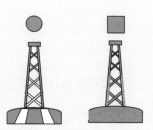

■ Welche Bedeutung haben die jeweiligen Schifffahrtszeichen?

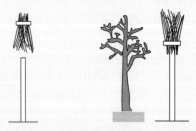

■ Welche Bedeutung haben folgende Tonnen/Schifffahrtszeichen?

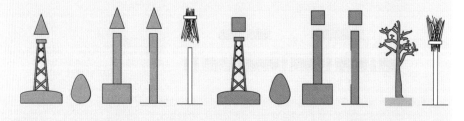

■ Welche Bedeutung haben die jeweiligen Schifffahrtszeichen?

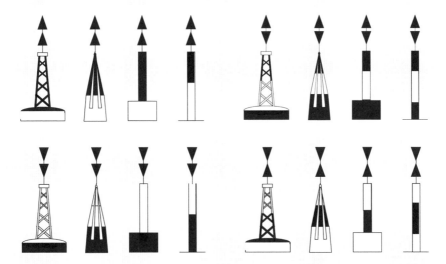

■ Welche Bedeutung hat das Feuer einer Leuchttonne mit den jeweiligen Kennungen?

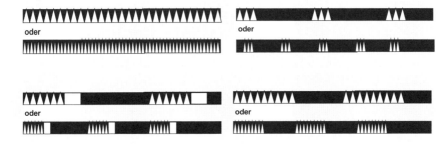

Dieses Kapitel gibt Ihnen einen Überblick über wichtige Begriffe und Grundsätze der Navigation. Die praktische Anwendung der Navigation wird im Kapitel Navigation Praxis beschrieben. In diesem Kapitel werden die für die Theorieprüfung relevanten Inhalte beschrieben.

Wichtig: Fundiertes Navigationswissen ist Pflicht für jeden Bootsführer. Er muss jederzeit seinen Standort bestimmen und sein Fahrtziel sicher erreichen können.

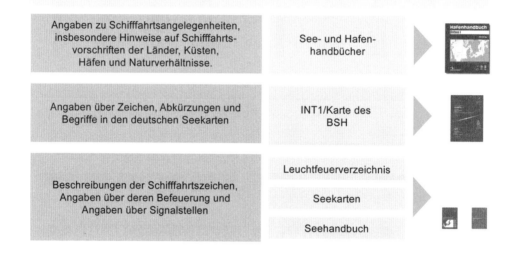

Abb. 93: Informationsquellen Navigation

Zur Mindestausrüstung für die sichere Navigation in Küstengewässern gehören die folgenden Navigationsmittel:

- Seekarten für die Sportschifffahrt, Seehandbücher, Leuchtfeuerverzeichnis, Jachtfunkdienst, Gezeitentafeln oder Gezeitenkalender, der Atlas der Gezeitenströme, ein Bleistift, ein Zirkel und Kursdreiecke

- Kenntnis der Nachrichten für Seefahrer (NfS)

- Kenntnis der aktuellen Bekanntmachungen für Seefahrer (BfS)

- Kompass

- Lot

- Log

Peileinrichtung (Handpeilkompass), und

ein Fernglas.

GLOBAL POSITIONING SYSTEM

Das Global Positioning System (GPS) ist ein weltweit verfügbares Satelliten-
navigationssystem mit hoher Genauigkeit, welches heute in der Sportschifffahrt weit verbreitet ist. Neben der reinen Positionsangabe beherrschen die
meisten GPS-Empfänger auch Funktionen wie Kurs, Weg und Fahrt über Grund
und die „MOB-Funktion". Bei der „Mensch über Bord-Funktion (MOB)" wird die
aktuelle Position bei Auslösung gespeichert, um die Position eines Überbord-
gefallenen mit Hilfe des GPS leichter zu finden. GPS arbeitet standardisiert mit
dem Kartenmaterial WGS 84. Die Bezeichnung WGS 84 steht hierbei für „World
Geotic System 1984". Eine Umstellung auf andere benötigte Kartendaten als
Basis für die Navigation ist bei den meisten aktuellen GPS-Geräten möglich.

AUTOMATISCHES IDENTIFIKATIONSSYSTEM

Im Jahr 2000 wurde das
Automatische Identifikationssystem (AIS) von der
Internationalen Seeschiff-
fahrts-Organisation als ver-
bindlicher Standard einge-
führt. Das Automatische
Identifikationssystem ist
ein Funksystem, das durch
den Austausch von Navi-
gations- und anderen Da-
ten die Sicherheit und das
Flottenmanagement des
Schiffsverkehrs verbessert.

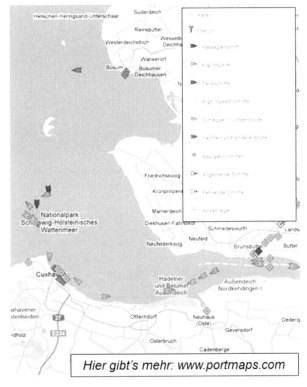

Abb. 94: Automatisches
Identifikationssystem

Hier gibt's mehr: www.portmaps.com

Über das Automatische Identifikationssystem können statische und dynamische Schiffsdaten und reisebezogene Daten ausgetauscht werden. So werden beispielsweise unterschiedliche Schiffstypen farblich dargestellt. Primäre Aufgabe des Automatischen Identifikationssystems ist die Kollisionsverhütung.

ORIENTIERUNG MIT DER SEEKARTE

Die Seekarte dient zur Orientierung auf See. Die Seekarte wird hauptsächlich zur Bestimmung des eigenen Standorts, sowie der Planung von Kursen verwendet. Die wichtigsten Informationen, die Sie einer Seekarte entnehmen können, sind:

▨ Längengrade

▨ Breitengrade

▨ Tiefenangaben

▨ Entfernungen

▨ Ortsmissweisung und deren jährliche Veränderung

▨ Feste Orientierungspunkte wie beispielsweise Orte, Schifffahrtszeichen, Häfen, Leuchtfeuer oder Fahrwasserbegrenzungen

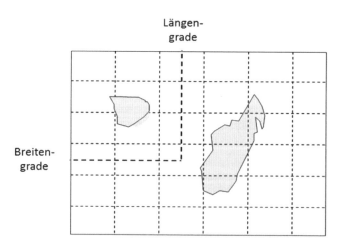

Abb. 95: Orientierung mit der Seekarte

Die entsprechenden Koordinaten der eigenen Position, also die Breiten- und Längengrade, können jeweils am Rand der Seekarte abgelesen werden. Längengrade werden dabei am oberen oder unteren Kartenrand, Breitengrade am rechten oder linken Kartenrand abgelesen.

Für die Navigation ist es sehr wichtig, dass die Seekarte dem aktuellen Stand entspricht und eventuelle Änderungen in die Karte übertragen wurden. Dies können Sie der Karte anhand der aufgedruckten Jahresangabe entnehmen. Bei Seekarten werden die letzten amtlichen Berichtigungen mit einen Datum an der linken Seite des unteren Kartenrandes nachgetragen.

DISTANZEN UND GESCHWINDIGKEITEN

Distanzen werden in der Seefahrt in Seemeilen (sm) angegeben. Eine Seemeile entspricht 1852 m oder 1,852 km. Die Umrechnung von Seemeile in Kilometer erfolgt also durch Multiplikation mit dem Faktor 1,852. Umgekehrt von Kilometer in Seemeile erfolgt die Berechnung durch Teilung mit dem Faktor 1,852.

Beispiel: Umrechnung Distanzen von Seemeilen zu Kilometer:
5 Seemeilen multipliziert mit 1,852 = 9,26 km oder 9260 m.

Geschwindigkeiten werden in der Schifffahrt sowohl in Kilometer pro Stunde (km/h) als auch in Knoten (sm/h) angegeben. Die Umrechnung erfolgt analog.

Beispiel: Umrechnung Geschwindigkeiten Kilometer pro Stunde zu Knoten:
40 km/h geteilt durch 1,852 = 21,6 Knoten (sm/h)

Ein in der Seekarte zwischen zwei Punkten gemessener Abstand (Distanz) kann durch Anlegen des Zirkels am Kartenmaß, welcher sich seitlich am Kartenrand rechts und links an den Breitengraden der Seekarte befindet, abgelesen werden.

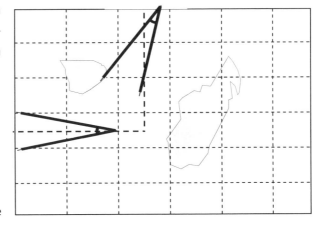

Abb. 96: Seekarte

Um Distanzen, Geschwindigkeiten und zu erwartende Fahrtdauern auf See berechnen zu können, sind folgende Formeln notwendig:

Abb. 97: Berechnung Fahrtdauer, Geschwindigkeit und Distanz

MAßSTAB

Seekarten haben wie Landkarten einen Maßstab. Der Maßstab gibt an, um das wievielfache die Karte die Realität verkleinert darstellt. Ein Maßstab von 1:50.000 bedeutet, dass die Kartendarstellung 50.000-mal kleiner ist als die Realität. Ein realer Kilometer, also 1.000 m, entspricht bei diesem Maßstab in der Karte somit 2,0 cm.

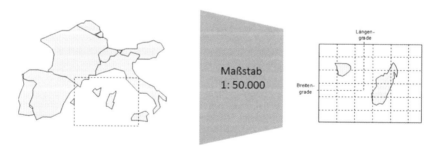

Abb. 98: Kartenmaßstab

Berechnung Maßstab: Folgender Rechenweg lässt dieses Ergebnis nachvollziehen:

- 1 km (1.000 m) entspricht 100.000 cm
- Die Karte ist um 50.000 mal kleiner als die Realität (Maßstab 1:50.000)

- Man teilt 100.000 cm (1.000 m) durch 50.000 (Maßstab)
- Ergebnis: 1 km entspricht 2 cm (0,02 m) in der Seekarte

Tiefen werden durch Zahlen an der jeweiligen Stelle der Seekarte angegeben. Hierbei ist zu beachten, dass Tiefen in deutschen Seekarten immer in Metern und Dezimetern angegeben werden.

NAVIGATIONSBESTECK

Die Arbeitsmittel zur Navigation mit der Seekarte werden als Navigationsbesteck bezeichnet. Das Navigationsbesteck besteht aus:

- Kursdreieck
- Lineal oder Anlegedreieck
- Zirkel
- Bleistift
- Radiergummi
- Seekarte

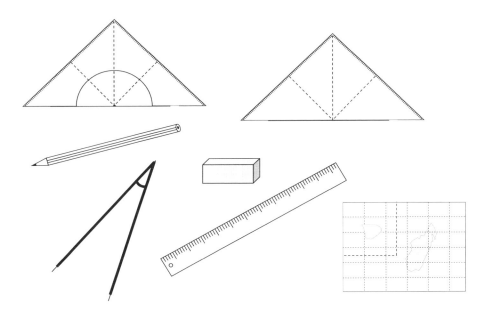

Abb. 99: Navigationsbesteck

ORIENTIERUNG MIT DEM KOMPASS

Der Kompass ist ein unverzichtbares Hilfsmittel, um sich auf See zu orientieren. Bereits bei der Montage eines Magnetkompasses an Bord ist folgendes zu beachten:

- Der Steuerstrich des Kompasses muss mit der Kiellinie zusammenfallen oder sollte parallel dazu verlaufen.
- Der Kompass muss gut ablesbar sein.
- Die Nähe von Eisenteilen und elektronischen Geräten soll vermieden werden.

Ein Kompass ist grundsätzlich in 360 Grad unterteilt. Die Gradzahlen sind hierbei den Himmelsrichtungen zugeordnet:

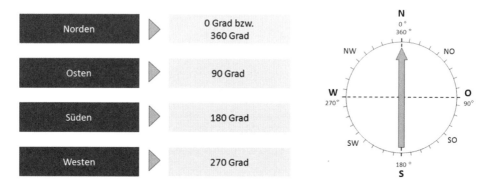

Abb. 100: Gradzahlen Kompass

Ein einzelner Kompassstrich entspricht 11¼ Grad. Ein ganzer Quadrant entspricht 90 Grad. Ein am Schiff fest angebrachter Kompass, ein sogenannter Steuerkompass, zeigt die Gradzahl an, in welche sich das Schiff gerade bewegt. Die Fahrtrichtung eines Schiffs heißt Kurs. Die während der Fahrt am Kompass abgelesene Gradzahl ist der so genannte Kompasskurs.

MAGNETKOMPASS

Die gebräuchlichste Kompassart ist der Magnetkompass mit Vollkreisrose. Der Magnetkompass reagiert auf magnetische Einflüsse und orientiert sich am Magnetfeld der Erde. Die Nadel des Kompass zeigt in die Richtung des magnetischen Nordpols. Der geografische und der magnetische Nordpol sind jedoch nicht identisch.

Beim Magnetkompass ist zu berücksichtigen, dass die vom Kompass angezeigte Gradzahl durch Schiffsmagnetismus und Erdmagnetismus verfälscht ist. Diese Verfälschungswirkungen werden im Folgenden im Detail erläutert.

Merke: Während die Seekarten nach dem geografischen Nordpol ausgerichtet sind, orientiert sich der Magnetkompass nach dem Nordpol des Erdmagnetfelds.

Diese Abweichung zwischen magnetischem und geografischem Nordpol heißt Missweisung. Zudem reagiert der Magnetkompass aber auch auf andere Magnetfelder, die sich auf dem Schiff befinden, wie beispielsweise Teile des Motors, Lautsprecherboxen oder andere metallische Aufbauten. Bei diesem Effekt spricht man von der Ablenkung.

Wichtig ist, dass man Messungen des Magnetkompasses immer um die durch Ablenkung und Missweisung entstandene Fehlweisung, auch Magnetkompassfehlweisung genannt, bereinigt, bevor man diese für die Kartenarbeit verwendet.

Dabei wird die Verfälschung durch Missweisung und Ablenkung in östliche Richtung mit „+" und in westliche Richtung mit „-" angegeben und berechnet.

Abb. 101: Magnetkompassfehlweisung

ABLENKUNG

Die Ablenkung, auch Deviation genannt, beschreibt den Abweichungseffekt, den der Magnetkompass durch elektromagnetische Felder wie zum Beispiel Radiolautsprecher oder Eisenteile im Schiff erfährt.

Die Ablenkung wird auch Magnetkompassablenkung genannt.

Die Intensität der Wirkung der Ablenkung ist von Boot zu Boot unterschiedlich und ist der Ablenkungs- oder Deviationstabelle des Bootes zu entnehmen.

Eine Überprüfung der Anzeige des Magnetkompasses kann beispielsweise durch einen Abgleich mit einer GPS-Peilung oder einer Peilung mit dem Handpeilkompass, die entfernt von elektromagnetischen Störquellen durchgeführt wird, erfolgen.

MISSWEISUNG

Die Missweisung, auch Deklination genannt, ist die Abweichung beziehungsweise der Winkel zwischen Magnetisch-Nord (magnetischer Nordpol) und Karten-Nord (geographischer Nordpol). Sie ändert sich durch die Bewegung des Erdmagnetfeldes und wird als jährliche Veränderung auf der Seekarte in der Kartenrose angegeben.

> Die Missweisung wird, da sie an verschiedenen Orten unterschiedlich ist, auch Ortsmissweisung genannt.

KARTENROSE

Auf jeder Seekarte befindet sich eine sogenannte Kartenrose. Es handelt sich hierbei um einen nach dem geografischen Nordpol ausgerichteten Vollkreis mit 360°, der zur schnellen Orientierung von Bezugspunkten zu den Himmelsrichtungen dient. In der Kartenrose sind die am jeweiligen Ort vorherrschende Missweisung, das Bezugsjahr auf das sich die Angaben beziehen, sowie die Veränderung der Missweisung als jährliche Angabe angegeben.

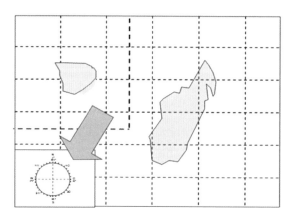

Abb. 102: Kartenrose

UMRECHNUNG MISSWEISUNG AUF DAS AKTUELLE KALENDERJAHR

Um mit der richtigen Missweisung zu rechnen, muss die aus der Karte bekannte Missweisung auf das aktuelle Jahr berichtigt werden.

In unserem Beispiel entnehmen wir aus der Kartenrose der Seekarte für das Jahr 2009 eine Missweisung von 1,5° Ost und eine jährliche Veränderung von 0,1° Ost.

Dabei wird die Abweichung in östlicher Richtung mit „+" und in westliche Richtung mit „-" angegeben und berechnet.

So errechnen wir die tatsächlich im Jahre 2014 vorherrschende Missweisung:

Missweisung Karte aus 2009:   + 1,5° E

Jährliche Veränderung :   + 0,5° E (für 5 Jahre + 0,1° E)

Missweisung Jahr 2014:   + 2,0° E

Wir rechnen im Jahr 2014 also dann mit einer Ortsmissweisung von + 2,0° E.

BEREINIGEN DER ABLENKUNG UND MISSWEISUNG

Immer wenn per Magnetkompass vorgenommene Peilungen in die Seekarten eingetragen werden sollen, müssen diese zunächst um die Fehlweisung, also die Ablenkung und die Missweisung, berichtigt werden. Dabei wirkt die Verfälschung entweder in die westliche oder in die östliche Richtung.

Hierbei sind die folgenden Begriffe zu unterscheiden:

- Magnetkompasskurs (MgK): Der Magnetkompasskurs ist der Kurs, den der Magnetkompass als Fahrtrichtung anzeigt. Er enthält noch den Fehler der Fehlweisung (Ablenkung und Missweisung).

- Missweisender Kurs (mwK): Der missweisende Kurs ist der Magnetkompasskurs bereinigt um die Ablenkung. Er enthält noch den Fehler der Missweisung. Deshalb auch die Bezeichnung als „missweisender Kurs".

- Rechtweisender Kurs (rwK): Der rechtweisende Kurs ist der echte reale Kurs, der um die Fehlweisung (Ablenkung und Missweisung) bereinigt wurde. Er kann in die Karte eingetragen werden.

Dies gilt analog für Peilungen:

- Magnetkompasspeilung (MgP): Die Magnetkompasspeilung ist die Peilung, die der Magnetkompass anzeigt. Sie enthält noch den Fehler der Fehlweisung (Ablenkung und Missweisung).

- Missweisende Peilung (mwP): Die missweisende Peilung ist die Magnetkompasspeilung bereinigt um die Ablenkung. Sie enthält noch den Fehler der Missweisung. Deshalb auch die Bezeichnung als „missweisende Peilung".

- Rechtweisende Peilung (rwP): Die rechtweisende Peilung ist die Peilung, die um die Fehlweisung (Ablenkung und Missweisung) bereinigt wurde. Sie kann in die Karte eingetragen werden.

Es gilt das folgende Berechnungsschema:

- Magnetkompasskurs (MgK)

    bereinigt um die Ablenkung (Abl.) ergibt:
    _____

- missweisender Kurs (mwK)

    bereinigt um die Missweisung (Mw) ergibt:
    _____

- rechtweisender Kurs (rwK)

Bei der Berechnung ist jeweils das Vorzeichen der Ablenkung und der Missweisung zu beachten.

> Merke: Man rechnet vom „richtigen" (rechtweisenden) Kurs (rwK) zum falschen Kurs (MgK) mit umgekehrtem (falschem) Vorzeichen, vom „falschen" Kurs (MgK) zum richtigen Kurs (rwK) mit richtigem Vorzeichen.

BEISPIEL: UMRECHNUNG MAGNETKOMPASSKURS ZU RECHTWEISENDEM KURS

In unserem Beispiel wirkt die Ablenkung 18 Grad in westliche (-) und die Missweisung 2 Grad in östliche Richtung (+). Der am Magnetkompass abgelesene Kurs beträgt 130 Grad. Bereinigt um die Ablenkung und die Missweisung ergibt sich so ein rechtweisender Kurs von 114 Grad.

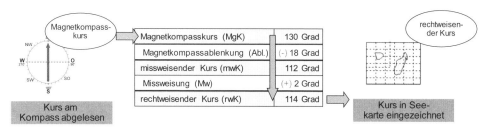

Magnetkompasskurs (MgK)	130 Grad
Magnetkompassablenkung (Abl.)	(-) 18 Grad
missweisender Kurs (mwK)	112 Grad
Missweisung (Mw)	(+) 2 Grad
rechtweisender Kurs (rwK)	114 Grad

Abb. 103: Umrechnung Magnetkompasskurs auf rechtweisenden Kurs

BEISPIELUMRECHNUNG RECHTWEISENDER KURS ZUM MAGNETKOMPASS-KURS

Wenn Kurse oder Peilungen aus der Seekarte entnommen werden, müssen diese ebenso wieder auf den Magnetkompass um die Fehlweisung umgerechnet werden, um das Boot richtig zu steuern.

In diesem fiktiven Beispiel soll das Boot also einen tatsächlichen (rechtweisenden) Kurs von 90 Grad fahren.

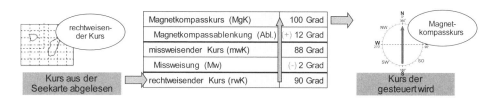

Magnetkompasskurs (MgK)	100 Grad
Magnetkompassablenkung (Abl.)	(+) 12 Grad
missweisender Kurs (mwK)	88 Grad
Missweisung (Mw)	(-) 2 Grad
rechtweisender Kurs (rwK)	90 Grad

Abb. 104: Umrechnung rechtweisender Kurs auf Magnetkompasskurs

Der Schiffsführer muss also einen MgK von 100° steuern, um 90° rwK zu fahren.

Dieses Schema sollten Sie sich unbedingt merken, da es notwendig ist, um diese Umrechnungen durchzuführen. Es vermittelt den Unterschied zwischen rechtweisenden und „verfälschten" Kursen.

PEILUNG

Unter einer Peilung versteht man das Feststellen der Richtung eines bekannten, feststehenden Objektes durch Winkelmessung. So erhält man eine Standlinie, auf der sich das Schiff zu diesem Objekt befindet.

Die gemessene Standlinie wird in der Seekarte, bereinigt um Missweisung und Ablenkung eingetragen. Um den Standort genauer zu bestimmen, werden zwei Objekte in dichter Zeitfolge hintereinander gepeilt und die Standlinien eingezeichnet. Am Schnittpunkt ist die ungefähre Position. Dies nennt man eine Kreuzpeilung.

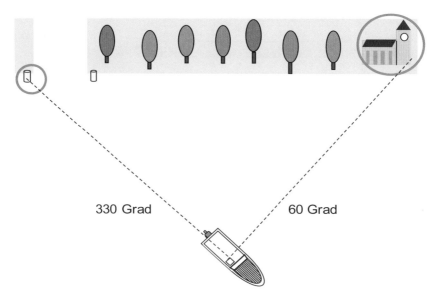

Abb. 105: Kreuzpeilung

Die Peilobjekte müssen stets folgende Voraussetzungen erfüllen:

▓ Sie müssen bekannt und von See aus erkennbar sein.
▓ Es müssen feststehende Objekte sein.
▓ Sie müssen in der Seekarte eingezeichnet sein.
▓ Der Abstand der Objekte sollte idealerweise 90 Grad betragen.

Geeignete Peilobjekte können beispielsweise sein:

▓ Kirchtürme oder andere markante Gebäude an Land
▓ Leuchttürme
▓ Flussmündungen
▓ Hafeneinfahrten oder Landestege
▓ Schifffahrtszeichen, Tonnen

Die Peilobjekte untereinander sollten idealerweise in einem Abstand von 90 Grad liegen, um eine möglichst genaue Positionsbestimmung vornehmen zu können. Eine Toleranz von je 30 Grad, also ein Abstand der Peilobjekte untereinander von mindestens 60 Grad und höchstens 120 Grad ist dabei noch akzeptabel. Das Peilergebnis kann mittels Durchführung einer oder mehrerer weiterer Peilungen kontrolliert oder verbessert werden.

DURCHFÜHRUNG EINER KREUZPEILUNG

Bei einer Kreuzpeilung gehen Sie schematisch wie folgt vor:

- Auswahl von zwei geeigneten Peilobjekten, die die erwähnten Voraussetzungen erfüllen.
- Peilen der beiden Objekte mit dem Handpeilkompass.
- Bereinigen des gepeilten Kurses um die Missweisung und die Ablenkung.
- Einzeichnen von Standlinien zu den gepeilten Objekten in die Seekarte mit der entsprechenden Gradzahl.
- Der Schnittpunkt der beiden Linien ergibt näherungsweise die Position.
- Zur Kontrolle führen wir eine dritte Peilung durch.
- Entsteht nun ein Dreieck, so ist dies Ihre Standfläche (die beiden ersten Peilungen waren ungenau).
- Schneidet die dritte Peilung die ersten beiden Peilungen, so haben Sie genau gepeilt.

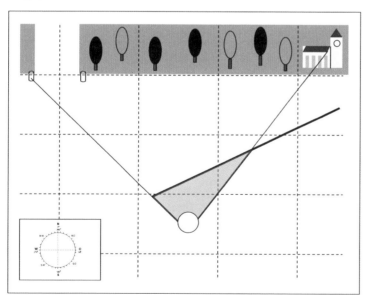

Abb. 106: Peilungen

Die durch Peilung ermittelte Position wird als bekannte Position oder Ort – als sogenannter „beobachteter Ort (O_b)" – in die Karte eingetragen.

BESTIMMUNG DER KOORDINATEN

Um die so auf der Karte ermittelte Position in einer Notsituation einem Retter per Funk mitteilen zu können, ist es wichtig diese aus der Karte ablesen zu können. Eine Position wird als Koordinate durch Angabe ihrer Lage auf dem Längengrad und auf dem Breitengrad angegeben.

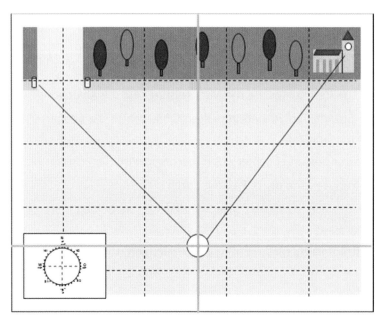

Abb. 107: Ablesen der Koordinaten

Längengrade werden am oberen oder unteren Kartenrand, Breitengrade an den seitlichen Kartenrändern abgelesen.

SCHREIBWEISE DER KOORDINATEN

Die Koordinaten werden im Format ihrer geografischen Breite und ihrer geografischen Länge angegeben. Zuerst wird die Breite, dann die Länge angegeben. Die Breite wird nördlich des Äquators mit den Richtungsangaben N (Nord) und südlich des Äquators mit S (Süd) als Gradzahl angegeben. Die Länge analog westlich des 0°-Längengrads mit W (West) und östlich mit O (Ost). Die Breite wird zweistellig, die Länge dreistellig angegeben, die Minuten und Sekunden werden zweistellig geschrieben.

Beispiel: 53° 46,00' N , 007° 49,00' E

KOPPELN UND BESTECKVERSETZUNG

Ist die Positionsbestimmung per Peilung aufgrund fehlender Orientierungspunkte (bspw. bei verminderter Sicht) nicht möglich, besteht die Möglichkeit, die Position mittels Kurs und Fahrt, durch das sogenannte „Koppeln" zu bestimmen. Ein gekoppelter Ort ist i.d.R. ungenauer als ein gepeilter Ort.

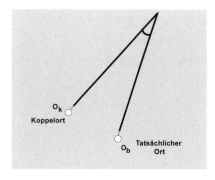

Abb. 108: Koppelort

Es wird die letzte bekannte Position mit Ihren Koordinaten, wie bereits unter „Einzeichnen einer Position" beschrieben, als „O_b" = ein beobachteter Ort in die Seekarte eingezeichnet. Von dieser Position „O_b" aus wird dann der gefahrene (bereinigte rechtweisende) Kurs als Standlinie (Vektor) in die Karte eingetragen. Die vom „O_b" aus gefahrene Distanz wird auf der Kurslinie abgetragen.

Die Distanz wird mit der folgenden Formel anhand der gefahrenen Zeit und mit der Logge (Fahrt durchs Wasser) gemessenen Geschwindigkeit berechnet:

$$\text{Distanz} \qquad \frac{\text{Geschwindigkeit in Knoten X Zeit in min}}{60} = \text{Distanz in Seemeilen}$$

Bei dieser so bestimmten Position spricht man vom „Koppelort (O_k)". Diese Position wird dann mit ihren Koordinaten als „O_k" in der Karte eingetragen.

Bei der Ermittlung des Koppelortes O_k ist insbesondere die Wirkung von Strömung und Wind auf das Schiff zu beachten. Die so durch Koppeln ermittelte Position wird durch Wind und Strom unter Umständen deutlich verfälscht.

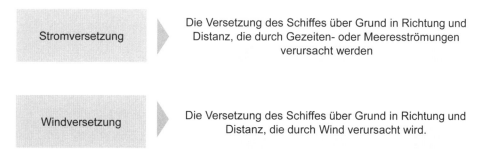

Stromversetzung ▷ Die Versetzung des Schiffes über Grund in Richtung und Distanz, die durch Gezeiten- oder Meeresströmungen verursacht werden

Windversetzung ▷ Die Versetzung des Schiffes über Grund in Richtung und Distanz, die durch Wind verursacht wird.

Abb. 109: Versetzungseffekte

Unter der „**Besteckversetzung**" wird die Versetzung zwischen der mittels Kopplung ermittelten Position O_k und einer zeitgleich durchgeführten Positionsermittlung per Peilung (Ermittlung eines O_b) verstanden.

Es handelt sich also um einen Vergleich von ein und derselben Position, die einmal mittels Koppeln als „O_k" und zum anderen als gepeilte Position direkt als O_b ermittelt wurde. Die Besteckversetzung ist dabei die Entfernung (in sm) und die rechtweisende Richtung (Vektor) vom Koppelort O_k zum beobachteten Ort O_b.

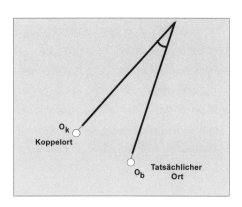
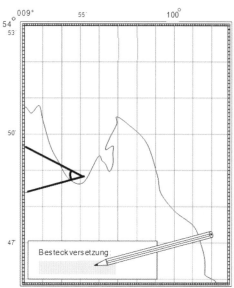

Wie weit die Distanz zwischen Koppelort O_k und beobachtetem Ort O_b ist, kann durch Abnehmen der Distanz mit dem Zirkel und Messen am seitlichen Kartenrand ermittelt werden; der Winkel wird durch Anlegen des Kursdreiecks vom Koppelort O_k zum beobachteten Ort O_b (analog Ablesen eines Kurses, was in Kap. 14 detailliert erläutert wird) und Ablesen am nächstgelegen Meridian ermittelt.

GEZEITEN

Unter Gezeiten versteht man das Fallen und Steigen der Meeresspiegel. Verursacht wird dies durch die Anziehungskraft von Mond und Sonne auf die Meere, sowie durch die Fliehkräfte der Bewegung von Mond und Erde um ihren gemeinsamen Schwerpunkt. Durch das Zusammenspiel dieser beiden Kräfte entstehen sogenannte Wasserberge.

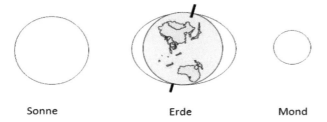

Abb. 110: Entstehung der Gezeiten

Je nachdem, wie Mond und Sonne zueinander stehen, verstärken sich diese Kräfte oder sie heben sich auf. Die folgende Grafik veranschaulicht das Zusammenspiel von Ebbe und Flut und ihre Auswirkungen auf den Wasserstand:

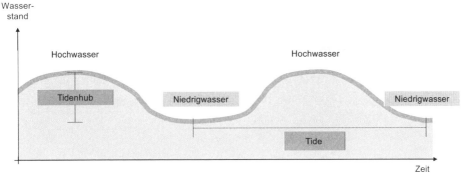

Abb. 111: Darstellung der Gezeiten

Die folgenden Begriffe sollten Sie hierbei kennen:

- Niedrigwasser: Niedrigwasser ist der tiefste Wasserstand.
- Hochwasser: Hochwasser ist der höchste Wasserstand.
- Tide: Eine Tide ist der Zeitraum zwischen einem Niedrigwasser und dem nächstfolgenden Niedrigwasser.
- Tidenhub: Der Tidenhub ist der Unterschied zwischen den Höhen des Hochwassers und des Niedrigwassers.

Es wird zwischen fallendem und steigendem Wasser unterschieden:

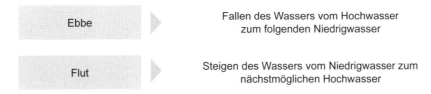

Abb. 112: Ebbe und Flut

Bei der Ebbe handelt es sich also um das Fallen des Wassers vom Hochwasser bis zum folgenden Niedrigwasser. Bei der Flut handelt es ich um das Steigen des Wassers, vom Niedrigwasser bis zum nächstmöglichen Hochwasser.

Wenn man in von Gezeiten beeinflussten Gewässern unterwegs ist, bspw. In der Nordsee, ist die Kenntnis über die aktuell vorherrschenden Verhältnisse unabdingbar, da manche Orte möglicherweise zu gewissen Ebbezeiten nicht ansteuerbar sind.

Die Angaben über Hoch- und Niedrigwasser und den Tidenhub für einen bestimmten Zeitraum sind zu finden in

- den Gezeitentafeln des Bundesamtes für Seeschifffahrt und Hydrographie (BSH), und

- den Gezeitenkalendern des Bundesamtes für Seeschifffahrt und Hydrographie (BSH).

Merke: Beachten Sie stets, dass die Gezeitentafeln und Gezeitenkalender jeweils nur für das Jahr gültig sind, für welches sie herausgegeben worden sind.

Nachdem Sie das Kapitel „Navigation" bearbeitet haben, sollten Sie die folgenden Prüfungsfragen beantworten können. Die Antwortmöglichkeiten können Sie sich mit Ihrem kostenlosen Testzugang im Online-Kurs SportbootführerscheinSee24 (siehe Begleitwort) herunterladen.

- Welche amtlichen nautischen Veröffentlichungen geben Aufschluss über das Fahrtgebiet?

- Wo findet man Angaben über Küsten-, Häfen- und Naturverhältnisse?

- Wovon sollte man sich vor Gebrauch einer Seekarte überzeugen?

- In welchen Maßeinheiten werden in deutschen Seekarten die Tiefen angegeben?

- Wo findet man Bedeutungen und Erläuterungen zu Zeichen, Abkürzungen und Begriffen in deutschen Seekarten?

- Wo findet man die für die Navigation wichtigen Beschreibungen der Schifffahrtszeichen, Angaben über deren Befeuerung und Angaben über Signalstellen?

- Wo entnimmt man in der Seekarte die Seemeilen?

- Was versteht man unter einer Seemeile und wie lang ist eine Seemeile (in Metern)?

- Was versteht man unter dem Geschwindigkeitsbegriff „Knoten"?

- Woraus entnimmt man die Magnetkompassablenkung?

- Was versteht man in der terrestrischen Navigation unter einer Peilung?

- Wie erhält man eine Standlinie?

- Was versteht man unter Stromversetzung?

- Was versteht man unter Windversetzung?

- Was versteht man unter einem Koppelort?

- Was ist bei der Aufstellung eines Magnetkompasses an Bord zu beachten?

- Was versteht man unter Ebbe?

- Was versteht man unter Flut?

- Was versteht man unter einer Tide?

- Was versteht man unter Niedrigwasser?

- Was versteht man unter Hochwasser?

- Was versteht man unter Tidenhub?

- Wo sind für einen bestimmten Ort die Angaben über Hoch- und Niedrigwasserzeiten und den Tidenhub zu finden?

- Wozu dient primär das Automatische Identifikationssystem (AIS)?

- Welche Informationen können über das Automatische Identifikationssystem (AIS) ausgetauscht werden?

Dieses Kapitel gibt Ihnen einen ersten Einblick in die Wetterkunde und verschafft Ihnen einen Überblick über den Einfluss unterschiedlicher Wetterbedingungen und die notwendigen Verhaltensweisen.

EINFÜHRUNG UND GRUNDBEGRIFFE

Fundiertes Wissen in der Wetterkunde und die Einholung des aktuellen Wetterberichtes vor jedem Törn sind Pflicht für jeden Bootsführer. Mangelnde Kenntnisse über Witterungsverhältnisse sind ein häufiger Grund für Seenotfälle und Unglücke.

Folgende Quellen halten aktuelle Wetterberichte und Wetterkarten bereit:

- Rundfunk (Radio)
- Deutscher Wetterdienst, Geschäftsfeld Seeschifffahrt in Hamburg
- Küstenfunkstellen
- Private Informationsdienste
- Zeitungen
- Fernsehen
- NAVTEX
- Internet

HOCH- UND TIEFDRUCKGEBIETE

Wetteränderungen kündigen sich durch Veränderungen des Luftdrucks an. In der Wetterkarte wird der herrschende Luftdruck in der Einheit Hektopascal angegeben. Linien, die Orte gleichen Luftdrucks miteinander verbinden, werden

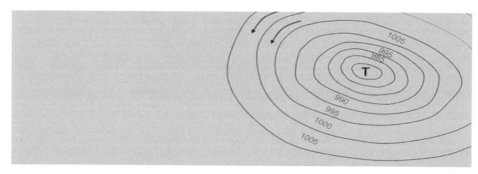

Abb. 113: Wetterkarte

in Form von Isobaren dargestellt. In der Isobarenkarte ist auch die Lage von Tief- und Hochdruckgebieten erkennbar, also der Ort mit dem niedrigsten beziehungsweise höchsten Luftdruck. Sie werden in der Karte mit T (Tiefdruckgebiet) beziehungsweise H (Hochdruckgebiet) abgekürzt dargestellt, was im Verlauf dieses Kapitels weiter behandelt wird.

WIND UND STURM

Unterschiedlich hoher Luftdruck führt dazu, dass der Luftdruckunterschied durch den Fluss von Luftmassenströmen ausgeglichen wird. Wind ist also nichts anderes als „bewegte Luft", die stets von Bereichen hohen Luftdrucks zu Bereichen tiefen Luftdrucks strömt.

Umso größer der Unterschied zwischen Hoch- und Tiefdruckgebiet ist, desto kräftiger strömt der Wind. In der Wetterkarte ist dies durch eng verlaufende Isobaren erkennbar. Luftdruckänderungen kündigen allgemein Wetterveränderungen an. Steigt der Luftdruck, ist von einer Wetterverbesserung, fällt der Luftdruck, von einer Wetterverschlechterung auszugehen.

Luftdruck wird in der Regel in der physikalischen Einheit Hektopascal (hPa) angegeben und mit dem Barometer gemessen. Vereinzelt wird Luftdruck auch noch in der Einheit Millibar (mbar beziehungsweise mb) angegeben. Ändert sich der Luftdruck rasch, so führt dies in der Mehrzahl der Fälle zu Starkwinden und Sturm. Unter einer raschen Luftdruckänderung wird eine Veränderung mit mehr als 1 Hektopascal in der Stunde verstanden.

| rasch fallender Luftdruck | schnelle Wetteränderung; Wetterverschlechterung |
| rasch steigender Luftdruck | schnelle Wetteränderung; Wetterverbesserung |

Abb. 114: Wetteränderungen

TIEFDRUCKGEBIET

Ein Tiefdruckgebiet, auch Zyklone beziehungsweise Tief genannt, ist ein Bereich mit niedrigerem Luftdruck als in der Umgebung. Der Kern des Tiefs wird in der Wetterkarte mit einem T gekennzeichnet.

Ein Tief entsteht in Gebieten, die stärker erwärmt werden als ihre Umgebung. In diesen Gebieten dehnt sich die erwärmte Luft aus, wird dadurch leichter und steigt aufgrund ihrer geringeren Dichte nach oben. Kältere Luftmassen strömen nach. Dabei strömen die Luftmassen nicht auf direktem Weg vom Hoch zum Tief, sondern werden durch Erdumdrehung und Bodenhaftung abgelenkt.

Auf der Nordhalbkugel werden die Zyklonen vom Wind entgegen dem Uhrzeigersinn, also linksherum umweht. In Mitteleuropa liegt der Druck der meisten Tiefdruckgebiete bei circa 990 bis 1000 Hektopascal. In Orkantiefs liegt der Luftdruck bei 950 bis 970 Hektopascal. In Bereichen, in denen die Isobaren eng beieinander liegen, herrscht meist starker Wind in Form von Sturm oder Orkan. Tiefdruckgebiete haben in unseren mitteleuropäischen Breiten meist eine Zuggeschwindigkeit von 5 bis 40 Knoten und ziehen von Westen nach Osten.

WARM- UND KALTFRONT IN DER WETTERKARTE

Eine Warmfront wird durch schwarze Kuppen dargestellt (hier im Osten). Eine Kaltfront wird durch schwarze Dreiecke dargestellt. Die Kaltluft hinter der Kaltfront wird durch zwei gefüllte Pfeile, die Warmluft hinter der Warmfront durch einen nicht ausgefüllten Pfeil in der Zugrichtung dargestellt.

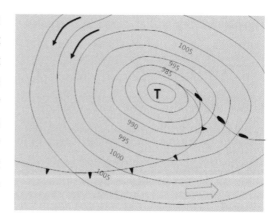

Abb. 115: Darstellung Tiefdruckgebiet

HOCHDRUCKGEBIET

Ein Hochdruckgebiet, auch Antizyklone beziehungsweise Hoch genannt, ist ein Bereich mit höherem Luftdruck als in seiner Umgebung. Der Kern dieses Hochs wird in der Wetterkarte mit einem H gekennzeichnet.

Ein Hoch entsteht dann, wenn erwärmte Luft in der Höhe auseinander strömt und sich abgekühlte Luftmassen wieder zusammenziehen. Diese Luftmassen sind dann schwerer als die sie umgebenden Luftmassen und sinken wieder zum

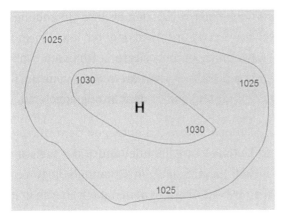

Abb. 116: Darstellung Hochdruckgebiet

Boden. Dadurch erhöht sich der Luftdruck.

In Mitteleuropa liegt der Druck im Zentrum des Hochs in der Regel bei circa 1025 bis 1030 hPa, in Ausnahmefällen auch bis zu 1050 Hektopascal. Auf der Nordhalbkugel werden die Antizyklonen vom Wind im Uhrzeigersinn, also rechtsherum um weht. Hochdruckgebiete bleiben meist am Ort ihrer Entstehung und haben keine Zugrichtung oder Geschwindigkeit.

Die Winde sind im Hoch meist schwach, der Himmel ist gering mit Wolken bedeckt und frei von Regenwolken. Hochdruckgebiete empfinden wir als Schönwetter.

WETTERSTATIONEN

In der Wetterkarte werden die Messdaten verschiedener Wetterstationen jeweils einzeln grafisch dargestellt. Die Darstellung erfolgt als sogenannter Stationskreis mit Pfeil und Fahne. Aus diesen Symbolen lassen sich die Bewölkung, die Windrichtung und die Windstärke an den verschiedenen Orten ablesen.

Ein Stationskreis mit Pfeil und Fahne in der Wetterkarte ist wie folgt aufgebaut:

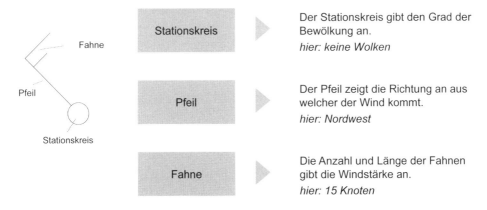

Abb. 117: Stationskreis mit Pfeil und Fahne

Der Stationskreis zeigt den Grad der Bewölkung an. Die Skala geht in Form von 1/8-Schritten von wolkenlos bis völlig bewölkt. Der Pfeil zeigt an, aus welcher Himmelsrichtung der Wind weht. Unter Windrichtung versteht man immer die Richtung, aus welcher der Wind kommt. Die Fahne zeigt die Windgeschwindigkeit in Knoten an. Dabei werden die Striche als Fieder bezeichnet und das Dreieck als Sturmwimpel; vgl. Abb. 118.

Mitunter wird anstelle der Windgeschwindigkeit auch die Windstärke in Beaufort (Bft) angegeben. Im Verlauf dieses Kapitels lernen Sie noch, wie Windgeschwindigkeit in Knoten und Windstärke in Beaufort zueinander im Verhältnis stehen.

Ein kurzer Strich, ein sogenannter halber Fieder, entspricht etwa der Windgeschwindigkeit von 5 Knoten bzw. Windstärke von 1 Beaufort; ein langer Strich, also ein Fieder, etwa 10 Knoten bzw. 2 Beaufort. Ein Sturmwimpel bedeutet circa 50 Knoten bzw. 10 Beaufort. In unserem Beispiel in Abb. 117 sind 1,5 Fieder eingezeichnet. Dies entspricht circa 15 Knoten Windgeschwindigkeit aus nordwestlicher Richtung.

STATIONSKREIS, WINDRICHTUNGSPFEIL UND WINDSTÄRKENFAHNE

Die folgende Darstellung fasst die unterschiedlichen Ausprägungen von Stationskreis, Pfeil und Fahne zusammen. Die Skala beim Stationskreis geht von

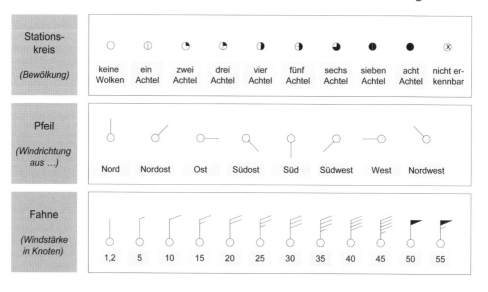

Abb. 118: Skala Stationskreis, Pfeil und Fahne

„keine Wolken", dargestellt als leerer Kreis bis zu einem vollen Kreis, der „volle Bewölkung" bedeutet. Ein X oder Kreuz im Stationskreis bedeutet, dass der Grad der Bewölkung nicht erkennbar ist.

Der Pfeil zeigt die Richtung an, aus welcher der Wind kommt. Die Skala bildet die vier Himmelsrichtungen Nord, Ost, Süd und West jeweils mit den Zwischenschritten Nordost, Südost, Südwest und Nordwest ab.

Die Fahne bildet anhand der Fieder eine Bandbreite von Windgeschwindigkeiten von 1 bis 55 Knoten ab. Ab fünf Knoten steigt die Skala in Schritten von fünf Knoten an.

BEAUFORTSKALA

Die Windstärke wird in Beaufort angegeben. Jede Windstärke entspricht einer Windgeschwindigkeit in Knoten (sm/h) bzw. Korridor der Windgeschwindigkeit.

Merke: 1 Knoten entspricht 1 Seemeile pro Stunde.

Die Beaufortskala zeigt die Auswirkungen unterschiedlicher Windstärken auf die See. Die Beaufortskala geht von 0 bis 12, wobei 0 Beaufort „Windstille" entspricht und 12 Beaufort „Orkan" bedeutet. Die Skala gibt pro Beaufort auch den entsprechenden Wertekorridor in Knoten an.

Beaufort	Bezeichnung	Knoten	Auswirkungen
0	Windstille	1	Spiegelglatte See
1	Leiser Zug	1 - 3	Kleine Kräuselwellen ohne Schaumkämme
2	Leichte Brise	4 - 6	Kleine, kurze Wellen, glasige, nicht brechende Kämme
3	Schwache Brise	7 -10	Kämme beginnen sich zu brechen. Schaum glasig, vereinzelt Schaumköpfe
4	Mäßige Brise	10 -15	Kleine, längere Wellen. Verbreitet Schaumköpfe
5	Frische Brise	16 -21	Lange, mäßige Wellen. Überall Schaumkämme
6	Starker Wind	22 -27	Größere Wellen und Schaumflächen, Kämme brechen, etwas Gischt
7	Steifer Wind	28 - 33	See türmt sich, Schaum legt sich in Windrichtung
8	Stürmischer Wind	34 -40	Mäßig hohe Wellenberge mit langen Kämmen, Gischt weht ab, Schaumstreifen
9	Sturm	41 -47	Hohe Wellenberge, dichte Schaumstreifen, See "rollt". Gischt beeinträchtigt Sicht
10	Schwerer Sturm	48 -55	Sehr hohe Wellenberge, lange überbrechende Kämme. See, weiß durch Schaum, rollt schwer und stoßartig, Gischt beeinträchtigt Sicht
11	Orkanartiger Sturm	56 - 63	Extrem hohe Wellenberge. Wellenkämme werden überall zu Gischt zerblasen, Sicht herabgesetzt
12	Orkan	64 -71	Luft mit Schaum und Gischt angefüllt, See vollständig weiß, Sicht stark herabgesetzt

Abb. 119: Beaufortskala

Achtung: Die Windgeschwindigkeit kann – neben der Angabe in Knoten (sm/h) – auch in Kilometer pro Stunde (km/h) oder Meter pro Sekunde (m/s) angegeben werden.

LOKALE LAND- UND SEEWINDSYSTEME

Bei Sonneneinstrahlung erwärmen sich Land und Wasser unterschiedlich schnell. Ebenso kühlen Land und Wasser bei fehlender Sonneneinstrahlung unterschiedlich schnell wieder ab. Dieser Effekt führt dazu, dass im Küstenbereich lokale Land- und Seewinde entstehen können.

SEEWIND

Von morgens bis zum frühen Nachmittag entsteht durch die Sonneneinstrahlung über Land ein kleines Tiefdruckgebiet, da sich das Land schneller erwärmt als die Wasseroberfläche.

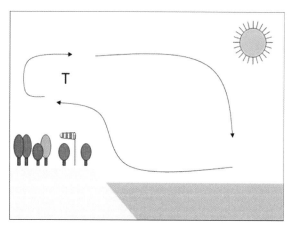

Abb. 120: Seewind

Die über dem Land erwärmte Luft steigt nach oben und wird durch kühlere Luftmassen von See aufgefüllt. So entsteht der Seewind. Er weht auflandig, also von See auf das Land.

Merke: Seewind bedeutet, dass der Wind von See kommt.

LANDWIND

Beim Landwind entsteht gegenüber dem Seewind gerade der umgekehrte Effekt. Das kleine Tiefdruckgebiet entsteht durch die langsamere Abkühlung der Wasseroberfläche gegenüber dem tagsüber aufgewärmten Land. Hierdurch strömen dann Luftmassen von Land auf See.

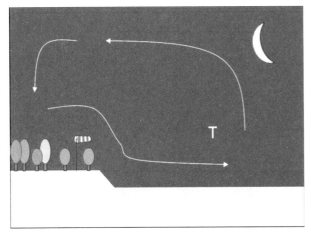

Abb. 121: Landwind

Der Landwind weht ablandig, also von Land in Richtung See. Er tritt am späten Abend beziehungsweise nachts auf.

Merke: Landwind bedeutet, dass der Wind von Land kommt.

GEWITTER UND STURM

Gewitter und Stürme beeinträchtigen die Sicherheit der Schifffahrt in hohem Maße. Wenn keine Möglichkeit besteht, drohende Starkwinde, Stürme oder Gewitter im sicheren Hafen abzuwarten, sind die rechtzeitige Erkennung der Natureinflüsse und die Vorbereitung von Schiff und Besatzung hierauf unbedingt erforderlich.

Aufziehende Gewitter sind anhand folgender Merkmale zu erkennen:

- Die Bildung von turmartigen, mächtigen Haufenwolken

- Ein eventuell vorhandener Wind schläft zunächst ein, frischt danach wieder auf und kommt aus einer anderen Richtung.

- Aus einem auf Mittelwelle geschalteten Rundfunkgerät ertönen bereits lange vor Gewitterausbruch starke Störgeräusche.

GEFAHREN DURCH GEWITTER

Gewitter sind gefährliche Wetterereignisse. Sie bringen in erster Linie folgende Gefahren mit sich:

- Böen mit Winddrehungen bis Orkanstärke

- Blitzschlag

- starke Regenfälle oder Hagelschlag mit verminderter Sicht

GEWITTERARTEN

Im Folgenden stellen wir Ihnen in Kurzform die unterschiedlichen Gewitterformen vor. Grundsätzlich ist zwischen Wärmegewittern und Frontgewittern zu unterscheiden:

- Wärmegewitter: Wärmegewitter, auch Luftmassengewitter genannt, sind lokal auftretende Gewitter, die bei anhaltenden Hochdrucklagen im Sommer innerhalb einer schwülwarmen Luftmasse durch vermehrten Feuchtigkeitsaufstieg entstehen. Es entstehen zunächst Gewitterwolken, die sich dann durch Blitz und Donner, Regen und vereinzelt auch durch Hagel und Sturm entladen.

- Frontgewitter: Frontgewitter entstehen beim Aufeinandertreffen von warmen und kalten Luftmassen an deren Außengrenzen. Diese Außengrenzen werden auch Fronten genannt. Daher auch die Bezeichnung als Frontgewitter. Frontgewitter werden meist von starken Böen und häufig heftigen Regen- und Hagelschauern begleitet.

STURM

Winde und Stürme reagieren oft dynamisch. Dies bedeutet, dass sich die Richtung, aus der sie wehen, fortlaufend ändert. Es gibt Stürme mit rechts- und mit linksdrehenden Drehrichtungen. Die Bezeichnung der tendenziellen Richtungsänderung erfolgt wie folgt:

- Rechtsdrehender Sturm: Der rechtsdrehende Sturm wird auch rechtdrehender Sturm genannt. Er dreht in Richtung West, also im Uhrzeigersinn.

Linksdrehender Sturm: Der linksdrehende Sturm wird auch rückdrehender Sturm genannt. Dieser Sturm dreht in Richtung Ost, also gegen den Uhrzeigersinn.

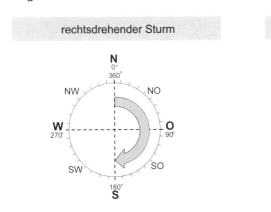

Abb. 122: Drehrichtungen von Stürmen

STARKWIND- UND STURMWARNDIENST

Um die Schifffahrt vor Witterungsänderungen und Gefährdungen zu informieren, wird ein Starkwind- und Sturmwarndienst betrieben. Die Warnmeldungen werden über Seewetterberichte, das Internet (Deutscher Wetterdienst), Navtex oder das Warntelefon des Deutschen Wetterdienstes veröffentlicht.

Starkwindwarnung: Die Starkwindwarnung warnt vor Windstärken von 6 bis 7 Beaufort beziehungsweise vor Böen von 25 bis 33 Knoten.

Sturmwarnung: Die Sturmwarnung erfolgt bei zu erwartenden Windstärken ab 8 Beaufort beziehungsweise bei Böen ab 34 Knoten.

Abb. 123: Starkwind- und Sturmwarnung

Nachdem Sie das Kapitel „Wetterkunde" bearbeitet haben, sollten Sie die folgenden Prüfungsfragen beantworten können. Die Antwortmöglichkeiten können Sie sich mit Ihrem kostenlosen Testzugang im Online-Kurs SportbootführerscheinSee24 (siehe Begleitwort) herunterladen.

■ Welche Faktoren sind hauptsächlich für das Wettergeschehen, also für Wind und Niederschläge, ausschlaggebend?

■ Welche Angaben liefert die Beaufort-Skala?

■ Wie werden Orte gleichen Luftdrucks in der Wetterkarte dargestellt und in welcher Maßeinheit wird der Luftdruck angegeben?

■ Womit muss bei rasch fallendem Luftdruck gerechnet werden?

■ Was bedeuten die in der Wetterkarte abgebildeten Isobaren?

■ Für welche Windstärken wird eine Starkwindwarnung herausgegeben?

■ Für welche Windstärken wird eine Sturmwarnung herausgegeben?

■ Was ist in amtlichen Wetterberichten unter „frischem Wind" zu verstehen?

■ Was ist in amtlichen Wetterberichten unter „schwerem Sturm", „orkanartigem Sturm" und „Orkan" zu verstehen?

■ Was zeigen die beiden Abbildungen?

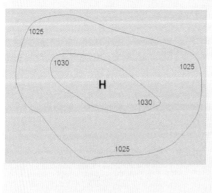
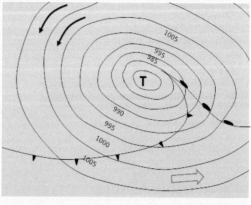

Dieses Kapitel gibt Ihnen einen Überblick über die erforderlichen Verhaltens-weisen zum Thema Umweltschutz. Rücksichtsvolles und umweltschonendes Verhalten ist Pflicht für jeden Wassersportler. Naturschutzgebiete sind als besonders schutzbedürftige Gebiete mit dem Hinweisschild Naturschutzgebiet gekennzeichnet.

Wichtig: Rücksichtsvolles und umweltschonendes Verhalten ist Pflicht für jeden Wassersportler.

Abb. 124: Beschilderung Naturschutzgebiet

Informationen über das richtige umweltgerechte Verhalten, finden Sie unter anderem bei

- Wassersportverbänden und Wassersportvereinen,
- Hafen- und Schifffahrtsbehörden,
- in den Befahrensregelungen für Naturschutzgebiete und Nationalparken, und
- in den Kartenwerken und Büchern zum Umweltschutz.

VERHALTEN IN NATURSCHUTZGEBIETEN

In Naturschutzgebieten und Naturparks gelten oftmals örtliche Befahrensrege-lungen. Diese sind strikt einzuhalten. Sie enthalten unter anderem folgende Beschränkungen und Verbote:

▦ Örtliche Befahrensverbote

▦ Zeitliche Befahrensbeschränkungen

▦ Geschwindigkeitsbeschränkungen

▦ Besondere Regelungen für das Wasserskilaufen

▦ Besondere Regelungen für das Fahren mit Wassermotorrädern

▦ Besondere Regelungen für das Segelsurfen

ZEHN GOLDENE REGELN FÜR WASSERSPORTLER

Umweltbewusstes Verhalten ist für Wassersportler selbstverständlich. Dabei sind insbesondere die von den Wassersportverbänden und dem Deutschen Naturschutzring erarbeiteten „Zehn goldenen Regeln für das Verhalten von Wassersportlern in der Natur" zu beachten.

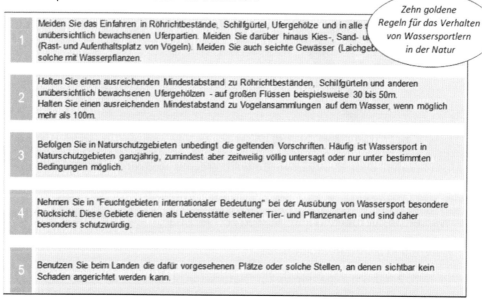

Abb. 125: Zehn goldene Regeln für das Verhalten von Wassersportlern in der Natur

Die zehn Regeln im Einzelnen sind:

▦ Regel 1: Meiden Sie das Einfahren in Röhrichtbestände, Schilfgürtel, Ufergehölze und in alle sonstigen dicht und unübersichtlich bewachsenen Uferpartien. Meiden Sie darüber hinaus Kies-, Sand- und Schlammbänke. Dies sind meist Rast- und Aufenthaltsplatz von Vögeln. Meiden Sie auch seichte Gewässer (wie Laichgebiete), insbesondere auch solche mit Wasserpflanzen.

Regel 2: Halten Sie einen ausreichenden Mindestabstand zu Röhrichtbeständen, Schilfgürteln und anderen unübersichtlich bewachsenen Ufergehölzen – auf großen Flüssen beispielsweise 30 bis 50 m. Halten Sie einen ausreichenden Mindestabstand zu Vogelansammlungen auf dem Wasser, wenn möglich mehr als 100 m.

Regel 3: Befolgen Sie in Naturschutzgebieten unbedingt die geltenden Vorschriften. Häufig ist Wassersport in Naturschutzgebieten ganzjährig, zumindest aber zeitweilig völlig untersagt oder nur unter bestimmten Bedingungen möglich.

Regel 4: Nehmen Sie in „Feuchtgebieten internationaler Bedeutung" bei der Ausübung von Wassersport besondere Rücksicht. Diese Gebiete dienen als Lebensstätte seltener Tier- und Pflanzenarten und sind daher besonders schutzwürdig.

Regel 5: Benutzen Sie beim Landen die dafür vorgesehenen Plätze oder solche Stellen, an denen sichtbar kein Schaden angerichtet werden kann.

Regel 6: Nähern Sie sich auch von Land her nicht Schilfgürteln und sonstiger dichter Ufervegetation, um nicht in den Lebensraum von Vögeln, Fischen, Kleintieren und Pflanzen einzudringen und diese zu gefährden.

Regel 7: Laufen Sie im Bereich der Watten keine Seehundbänke an, um Tiere nicht zu stören oder zu vertreiben. Halten Sie mindestens 300 bis 500 m Abstand zu Seehundliegeplätzen und Vogelansammlungen. Bleiben Sie hier auf jeden Fall in der Nähe des markierten Fahrwassers. Fahren Sie mit langsamer Fahrstufe.

Regel 8: Beobachten und fotografieren Sie Tiere nur aus der Ferne.

Regel 9: Helfen Sie, das Wasser sauber zu halten. Abfälle gehören nicht ins Wasser, z.B. der Inhalt von Chemietoiletten. Diese Abfälle müssen genauso wie Altöle in bestehenden Sammelstellen der Häfen abgegeben werden. Benutzen Sie in Häfen ausschließlich die sanitären Anlagen an Land. Lassen Sie beim Stillliegen den Motor Ihres Bootes nicht unnötig laufen, um die Umwelt nicht zusätzlich durch Abgase zu belasten.

Regel 10: Informieren Sie sich vor Ihren Fahrten über die für Ihr Fahrtgebiet bestehenden Bestimmungen. Sorgen Sie dafür, dass diese Kenntnisse und Ihr eigenes vorbildliches Verhalten gegenüber der Umwelt auch an die Jugend und an nichtorganisierte Wassersportler weitergegeben werden. Die Umwelt wird Ihnen dafür danken!

GEWÄSSERSCHUTZ

Der Schiffsführer hat im Sinne der Gewässerreinhaltung dafür Sorge zu tragen, dass Gewässer nicht beziehungsweise möglichst gering belastet werden. Dabei sollten

▧ moderne Speichertanktechniken genützt werden,

▧ Betriebsstoffe, Fäkalien, Öl und Abfälle in einem geeigneten Behälter an Bord gesammelt und ausschließlich an Land und vorschriftsgemäß entsorgt werden,

▧ bleifreies Benzin und

▧ umweltfreundliche 2-Takt-Öle eingesetzt werden.

▧ Die Auswahl und der Einsatz von Antifoulingfarben für den Unterwasseranstrich, sollten sorgfältig und möglichst umweltbewusst erfolgen.

Nachdem Sie das Kapitel „Umweltschutz" bearbeitet haben, sollten Sie die folgenden Prüfungsfragen beantworten können. Die Antwortmöglichkeiten können Sie sich mit Ihrem kostenlosen Testzugang im Online-Kurs SportbootführerscheinSee24 (siehe Begleitwort) herunterladen.

■ Welches Merkblatt enthält Hinweise für das Verhalten zum Schutz seltener Tiere und Pflanzen sowie zur Reinhaltung der Gewässer?

■ Wie kann mitgeholfen werden, die Lebensmöglichkeiten der Pflanzen- und Tierwelt in Gewässern und Feuchtgebieten zu bewahren und zu fördern?

■ Warum sollte man sich von Schilf- und Röhrichtzonen sowie von dicht bewachsenen Uferzonen möglichst weit fernhalten?

■ Wo findet man die Grenzen der Naturschutzgebiete auf See?

■ Wo findet man auszugsweise Hinweise zu Befahrensmöglichkeiten der Naturschutzgebiete in Küstengewässern?

■ Weshalb sollte das Anlaufen von Seehundbänken im Bereich der Watten vermieden werden?

- Welcher Abstand sollte gemäß den „10 Goldenen Regeln" für das Verhalten von Wassersportlern zu Liegeplätzen von Seehunden und zu Vogelansammlungen mindestens eingehalten werden?

- Wie hat man sich beim Befahren von Naturschutzgebieten und Nationalparken zu verhalten?

- Welche Sondervorschriften enthalten die örtlichen Befahrensregelungen in den Naturschutzgebieten und Nationalparks?

- Zu welchen Zeiten darf ein Sportboot in der Zone 1 der Nationalparks fahren?

- Welche Höchstgeschwindigkeit gilt in der Zone 1 der Nationalparks in der Nordsee?

- Welche Höchstgeschwindigkeit dürfen Maschinenfahrzeuge in Nationalparks in der Nordsee nicht überschreiten, wenn sie in gekennzeichneten Fahrwassern außerhalb der Zone 1 fahren?

- Welche Verpflichtung hat man als Bootsführer, um einen Beitrag zur Reinhaltung der Gewässer zu leisten?

KAPITEL 12: SICHERHEIT UND GEFAHRENSITUATIONEN

Dieses Kapitel gibt Ihnen einen Überblick über allgemeine Sicherheitsvorkehrungen und über das Verhalten in Gefahrensituationen.

SICHERHEITSMAßNAHMEN VOR FAHRTANTRITT

Der Fahrzeugführer hat unbedingt vor jedem Auslaufen folgende Sicherheitsmaßnahmen zu treffen:

- Überprüfung der Rettungs- und Sicherheitsmittel auf Funktion und Vollständigkeit
- Die Einweisung und Belehrung der Besatzung über Rettungs- und Sicherheitsmaßnahmen wie beispielsweise die Handhabung von Notsignal- oder Feuerlöschmitteln
- Das Einholen des Wetterberichts und nautischer Warnnachrichten
- Die Namen der an Bord befindlichen Personen und die geplante Reiseroute sollte idealerweise an Land hinterlassen werden.

PFLICHTEN DER BESATZUNG

Es gehört zu den Aufgaben und Pflichten eines jeden Besatzungsmitgliedes, allen Anweisungen des Fahrzeugführers, die der Sicherheit und Ordnung an Bord dienen, Folge zu leisten.

MINDESTSICHERHEITSAUSRÜSTUNG DER FAHRZEUGE

Die folgende vorgeschriebene Mindestausrüstung ist für die Sicherheit des Fahrzeuges und der an Bord befindlichen Personen Pflicht:

- für jede Person an Bord eine ohnmachtssichere Rettungsweste mit Signalpfeife
- Sicherheitsgurte beziehungsweise so genannte „Lifebelts" in ausreichender Anzahl
- Einen Rettungsring mit Wurfleine und Leuchte
- Notsignale
- Erste-Hilfe-Kasten

- Feuerlöscher
- mindestens eine Lenzpumpe, einen Eimer und ein Ölfass
- Riemen, Paddel und Bootshaken
- eine Taschenlampe
- Anker mit Kettenvorläufer und Leine sowie Treibanker
- einen Radarreflektor
- und mindestens eine Schleppleine

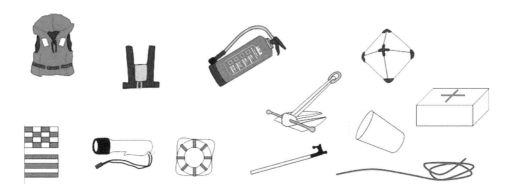

Abb. 126: Übersicht Mindestausrüstung

FAHRT BEI VERMINDERTER SICHT

Unter verminderter Sicht werden Sichteinschränkungen durch Nebel, dickes Wetter, Schneefall, heftige Regengüsse, Gewitter oder andere sichtbeeinträchtigende Umstände verstanden.

Bei verminderter Sicht sind unbedingt folgende Maßnahmen einzuleiten:

- Es ist mit sicherer und den verminderten Sichtverhältnissen angepasster Geschwindigkeit zu fahren.
- Schallsignale müssen regelmäßig gegeben werden, um wahrgenommen zu werden.
- Die Positionslichter müssen eingeschaltet werden.
- Ein Ausguck, eine Person welche Ausschau hält, muss gestellt werden.

Wenn Sie bei verminderter Sicht Schallsignale eines anderen Fahrzeugs hören, müssen Sie unbedingt sofort

▓ ebenfalls Schallsignale geben,

▓ die Fahrt verlangsamen, aber so, dass die Steuerfähigkeit noch erhalten bleibt,

▓ gegebenenfalls muss jegliche Fahrt weggenommen werden, und

▓ es ist vorsichtig zu manövrieren, bis die Gefahr des Zusammenstoßes vorüber ist.

Aufgrund Ihrer seemännischen Sorgfaltspflicht müssen Sie bei verminderter Sicht darüber hinaus

▓ den Radarreflektor aufheissen, falls dieser nicht fest am Schiff angebracht ist.

▓ Sollte kein Radarreflektor an Bord sein, ist das Fahrzeug möglichst in eine waagrechte Schwimmlage zu bringen, um so bestmöglich wahrgenommen werden zu können.

▓ Alle vorhandenen Navigationsanlagen, wie beispielsweise das Radar oder das Echolot, sind sorgfältig zu gebrauchen.

▓ In einem Revier mit Landradarberatung ist die Radarberatung über den UKW-Sprechfunk mitzuhören.

GEFAHRENSITUATION DURCH STARKWIND, STURM UND GEWITTER

Bei Hereinbrechen von Starkwind oder drohenden Stürmen müssen Sie Ihr Schiff sturmfest machen. Idealerweise laufen Sie einen Hafen oder zumindest Landschutz an.

Es sind in jedem Fall dann folgende Maßnahmen erforderlich:

▓ Alle Öffnungen vor Wassereinbruch sichern. So sind alle Luken und Seeventile zu schließen.

▓ Lose Gegenstände festzurren.

▓ Rettungswesten und Sicherheitsgurte mit Sorgleine anlegen, einhaken und die Rettungsmittel bereithalten.

▓ Beim Segelboot die Segel reffen oder ganz wegnehmen.

Abb. 127: Starkwind, Sturm und Gewitter

Bei drohenden Gewittern sollten darüber hinaus folgende Maßnahmen ergriffen werden:

* Funkanlagen abschalten,
* möglichst keine Metallteile berühren,
* Position ermitteln und in die Seekarte eintragen,
* sonstige Maßnahmen wie in schwerem Sturm ergreifen.

KOLLISION

Die Gefahr einer Kollision ist insbesondere dann gegeben, wenn sich der Abstand zu einem anderen Fahrzeug verringert und sich die Kompasspeilung (der Winkel) zum anderen Schiff nicht, oder nicht merklich verändert.

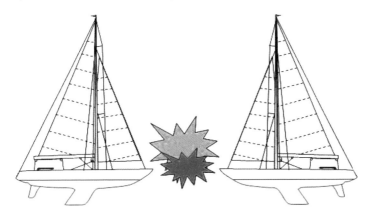

Abb. 128: Kollision

Im Zweifelsfall ist die Gefahr als bestehend anzunehmen. Wenn Sie bemerken, dass ein anderes Fahrzeug auf Kollisionskurs nicht seiner Ausweichpflicht nachkommt, ist unbedingt folgendes zu tun:

- Es ist so zu manövrieren, wie es zur Vermeidung des Zusammenstoßes am dienlichsten ist.

- Schallzeichen geben; mindestens 5 kurze Töne.

- Das Manöver des letzten Augenblicks einleiten und durchführen.

MANÖVER DES LETZTEN AUGENBLICKS

Unter dem Manöver des letzten Augenblicks versteht man das Ausweichmanöver des Kurshalters, also des vorfahrtsberechtigten Fahrzeuges. Das Manöver des letzten Augenblickes muss dann durchgeführt werden, wenn ein Zusammenstoß durch das Manöver des Ausweichpflichtigen alleine nicht mehr vermieden werden kann.

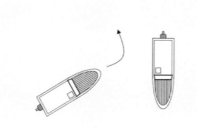

Abb. 129: Manöver des letzten Augenblicks

Vor Einleitung des Manövers müssen Kurs und Geschwindigkeit zunächst beibehalten werden und dem ausweichpflichtigen Fahrzeug ist besondere Sorgfalt zu widmen.

UNFALL

Im Falle eines Zusammenstoßes ist unverzüglich Hilfe zu leisten und so lange am Unfallort zu bleiben, bis ein Beistand nicht mehr erforderlich ist.

Abb. 130: Verhalten bei einem Unfall

Vor der Weiterfahrt sind alle Schiffs- und Personendaten einschließlich der Versicherungsdaten auszutauschen.

KENTERN

Unter einer Kenterung wird das Umkippen eines Fahrzeuges verstanden. Sie sollten sich im Falle einer Kenterung als Schiffsführer wie folgt verhalten:

- möglichst beim Fahrzeug bleiben
- Besatzung zusammenhalten
- unnötigen Kräfteverschleiß vermeiden (Unterkühlungsgefahr)
- Aufmerksamkeit zur Hilfeleistung erregen

Abb. 131: Kentern

GEFAHR DES SINKENS

Wenn für Ihr Fahrzeug die Gefahr des Sinkens besteht, dann ist das Fahrzeug so weit als möglich aus dem Fahrwasser zu bringen, um eine Beeinträchtigung der Schifffahrt zu vermeiden.

Um die Schifffahrt zu warnen, ist die Stelle des gesunkenen Fahrzeugs behelfsmäßig zu kennzeichnen und die Schifffahrtsbehörde umgehend zu benachrichtigen.

MENSCH ÜBER BORD

Um ein Überbordgehen von Personen bei starkem Seegang zu verhindern, sollten Sicherheitsleinen gespannt und die Sicherheitsgurte angelegt und eingepickt werden.

Geht dennoch ein Mitglied der Schiffsmannschaft ungewollt über Bord, ist sofort ein Rettungsmanöver zur Wiederaufnahme der Person an Bord einzuleiten.

Hierzu sind folgende Schritte notwendig:

▦ Unbedingt Motor sofort auskuppeln.

▦ Ruder unverzüglich auf die Seite des Überbordgegangenen legen, so dass sich das Heck mit der Schiffsschraube von der Person wegdreht.

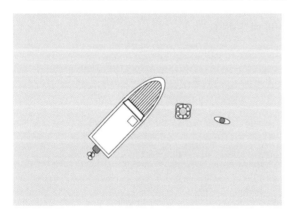

Abb. 132: Mensch über Bord

▦ Ruf „Mann über Bord".

▦ Rettungsmittel (Rettungsring) ausbringen.

▦ Ausguck stellen.

▦ Anschließend das Rettungsmanöver fahren.

- Dabei die über Bord gegangene Person gegen den Wind und Strom anfahren.

- Vor dem Aufnehmen unbedingt auskuppeln.

Um eine nach einem „Mann-über-Bord-Manöver" erschöpft im Wasser treibende Person möglichst schnell und sicher an Bord zu bekommen, sollten

- eine Leinenverbindung zwischen dem Boot und der Person im Wasser hergestellt werden,

- Leinenbuchten über die Bordwand gehängt werden, falls vorhanden die Badeleiter herunterklappen beziehungsweise ausbringen,

- beim Segelboot mit dem Großbaum und der Großschot oder mithilfe von Rettungsmitteln die Person an Bord holen.

Das Rettungsmanöver wird in Kap. 17 noch detailliert erklärt.

FEUER- UND BRANDSCHUTZ

Beim Tanken von Kraftstoff besteht grundsätzlich die Gefahr einer Brandentstehung.

Die folgenden Sicherheitsmaßnahmen sollten beim Tanken stets beachtet werden:

- Motor abstellen,

- alle offenen Feuerquellen löschen,

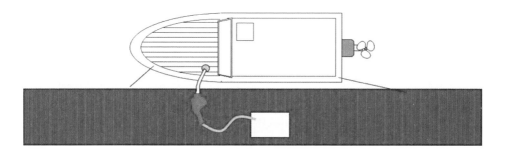

Abb. 133: Vorsichtsregeln beim Tanken

- nicht rauchen,

- keine elektrischen Schalter betätigen,

- alle Räume an Bord verschließen und nach dem Tanken gut lüften,

- zur Vermeidung elektrostatischer Ladung die Zapfanlage erden.

BRANDSCHUTZ

Bei Motorbooten ist das Mitführen eines „ABC-Pulverlöschers" an Bord Pflicht. Dieser unterliegt einer 2-jährigen Überprüfungspflicht. Feuerlöscher sind sicher und an einem gut zugänglichen Ort an Bord, an der die Brandgefahr möglichst gering ist, mit einer sicheren Halterung zu befestigen.

Bei einem Brand von elektrischen Anlagen dürfen als Löschmittel keinesfalls Schaum und Wasser verwendet werden. Hier ist unbedingt ein ABC-Pulverlöscher zu verwenden.

VERHALTEN BEI FEUER

Sollte an Bord Feuer ausbrechen, haben die Sicherheit und die Rettung aller an Bord befindlichen Personen oberste Priorität. Es ist Ruhe zu bewahren. Die Rettungsmittel sollten angelegt werden, Notsignale gegeben und versucht werden, das Feuer zu löschen.

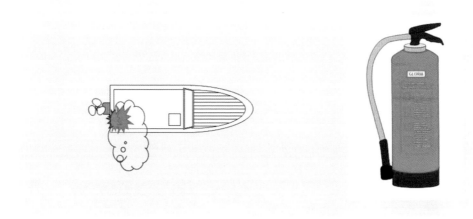

Abb. 134: Feuer und Brandschutz

Geht der Brand vom Motor aus, ist sofort die Kraftstoffzufuhr zu unterbrechen. Der Motor muss mit möglichst hoher Drehzahl weiterlaufen, um den Restkraftstoff rasch zu verbrennen.

Das Feuer ist idealerweise mit einer nassen Löschdecke abzudecken und mit einem ABC-Pulverlöscher zu bekämpfen. Den Feuerlöscher erst am Brandherd in Tätigkeit setzen und das Feuer möglichst von unten bekämpfen. Die Luftzufuhr zum Feuer ist zu verhindern.

FLÜSSIGGASANLAGEN

Erhöhte Vorsicht ist im Umgang mit Flüssiggasanlagen an Bord geboten. Gas bildet mit Luft ein explosionsfähiges Gemisch. Gas ist schwerer als Luft und kann sich daher unbemerkt im Bootsinneren sammeln. Vor Inbetriebnahme einer Flüssiggasanlage ist zu prüfen, ob die Leitungen und Anschlüsse dicht sind und ob Kocher und Heizgeräte einwandfrei arbeiten. Wenn die Flüssiggasanlage wieder außer Betrieb gesetzt wird, müssen der Haupthahn und alle Absperrventile geschlossen werden.

Flüssiggasanlagen sollten möglichst an Deck, geschützt vor Sonneneinstrahlung, angebracht werden. Sollte dies nicht möglich sein, sollte sie in einem besonders abgeschlossenen Raum für Gasbehälter, der in Bodenhöhe eine Öffnung nach außenbords hat, angebracht werden.

MOTORENKUNDE

Bootsmotoren werden entweder als Innenbordmotor oder als Außenbordmotor installiert.

Innenbordmotoren befinden sich im Innern des Bootskörpers und sind fest mit ihm verbunden. Der Antrieb erfolgt über eine Welle zur außen liegenden Schraube (Propeller).

Außenbordmotoren sind nicht fest eingebaut, sondern meist im hinteren Teil außerhalb am Boot befestigt oder angebaut. Die Schraube ist direkt am Außenbordmotor angebracht. Außenbordmotoren können leichter demontiert und gewartet werden.

Abb. 135: Propeller

Moderne Motoren sind aus Gründen der Sicherheit mit einem sogenannten „Quickstopp" ausgestattet. Wird der „Quickstopp" abgezogen, führt dies zu einer sofortigen Unterbrechung von Zündkontakt und Kraftstoffzufuhr. Der Motor

geht dann sofort aus. Diese Sicherheitsmaßnahme soll insbesondere auch das unkontrollierte Weiterfahren der Maschine bei Überbordgehen des Fahrzeugführers verhindern.

Abb. 136: Quickstopp

Obwohl sich der Trend des Elektromotors immer mehr auch in der Schifffahrt durchsetzt, sind die meisten Bootsmotoren heutzutage noch Benzin- beziehungsweise Dieselmotoren.

Um einen hohen Schadstoffausstoß zu vermeiden, sollte ein verringerter Luftanteil beim Luft-Kraftstoff-Gemisch verhindert werden, ebenso sollte ein erhöhter Ölanteil beim Mischungsverhältnis bei Zweitaktmotoren vermieden werden.

AUFBAU UND ELEMENTE EINES AUSSENBORDMOTORS

Hier sehen Sie den Aufbau eines typischen Außenbordmotors. Kleinere Außenbordmotoren haben den Tank oft integriert und einen offenen Kühlkreislauf,

① Handstarter
② Steuerpinne
③ Drehgasgriff
④ Stop-Knopf/ Notausschaltung
⑤ Choke-Knopf
⑥ Schalthebel
⑦ Treibstoffschlauch
⑧ Belüftungsschraube
⑨ Propeller
⑩ Kühlwassereinlauf
⑪ Kühlwasseraustritt
⑫ Auspuff

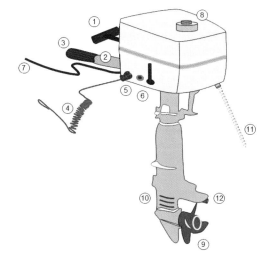

Abb. 137: Elemente eine Außenbordmotor

der durch Seewasser gekühlt wird. Vor dem Starten ist in jedem Fall die Tank-belüftungsschraube zu öffnen, da sonst im Tank ein Vakuum entsteht und der Motor dann ausgehen kann.

Außenbordmotoren erfreuen sich immer mehr an Beliebtheit. Sie sind meist preisgünstiger als fest installierte Motoren und sie sind leicht zu demontieren und zu transportieren.

Bei einem Außenbordmotor wird die Ruderwirkung ohne Ruderanlage erzielt. Sie erfolgt durch die Richtung des Schraubenstroms des Propellers. Wenn ein Außenbordmotor mit gefülltem Tank während der Fahrt stehen bleibt, dann ist die wahrscheinlichste Ursache, dass die Belüftungsschraube verschlossen oder die Kraftstoffleitung verstopft ist. Bevor der Außenbordmotor am Ende einer Fahrt hochgekippt und abgenommen wird, sollte aus Gründen des Gewässer-schutzes der Vergaser leergefahren werden, damit kein Kraftstoff auslaufen kann.

AUFBAU UND ELEMENTE EINES INNENBORDMOTORS

Der Innenbordmotor ist meist ein stärkerer Motor mit Benzin- oder Diesel-antrieb, der fest im Schiffskörper installiert ist. Der Antrieb erfolgt ebenso über eine oder mehrere Schraube/n, die über eine starre Welle mit dem Motor ver-bunden ist/sind.

① Motorblock
② Zylinder
③ Kolben
④ Kurbelwelle
⑤ Ventile
⑥ Zündkerzen
⑦ Kühlwasserkanal
⑧ Lüftung
⑨ Zahnriemen
⑩ Ölmessstab
⑪ Ölwanne
⑫ Antrieb/ Welle

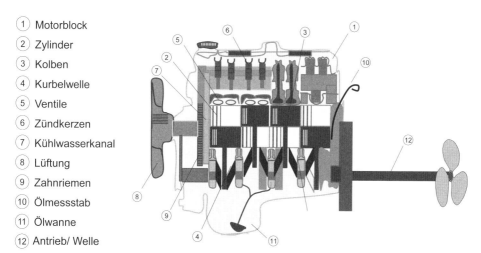

Abb. 138: Elemente eines Innenbordmotors

FEHLERBEHEBUNG MASCHINENANLAGE

Während der Fahrt sollte die Maschinenanlage überwacht werden. Hierbei müssen insbesondere Motortemperatur, Öldruck, Ladekontrolle beobachtet werden. Im Folgenden lernen Sie einige triviale Fehlerquellen der Maschinenanlage kennen:

Fehlerbeschreibung	Mögliche Fehlerursache	
Die Temperatur der Antriebsmaschine überschreitet die zulässigen Grenzwerte	Defekter Thermostat, defekte Impellerpumpe, geschlossenes Seeventil, zu niedriger Kühlwasserstand	
Die Ladekontrolllampe erlischt nach dem Starten nicht	Lichtmaschine bzw. Regler der Lichtmaschine defekt	
Die Ölkontrollleuchte leuchtet nach dem Starten weiter	Druckschalter bzw. Öldruckpumpe defekt	
Der Motor ist gestartet. Beim Einkuppeln der Antriebswelle bleibt der Motor stehen	Blockierter Propeller	

Abb. 139: Fehler Maschinenanlage

Nachdem Sie das Kapitel „Sicherheit und Gefahrensituationen" bearbeitet haben, sollten Sie die folgenden Prüfungsfragen beantworten können. Die Antwortmöglichkeiten können Sie sich mit Ihrem kostenlosen Testzugang im Online-Kurs SportbootführerscheinSee24 (siehe Begleitwort) herunterladen.

- ■ Was bewirkt der Quickstopp?
- ■ Was ist zu unternehmen, wenn Treibstoff oder Öl in die Bilge gelangt?
- ■ Was muss beim Tanken beachtet werden?
- ■ Wodurch wird bei einem Fahrzeug mit Außenbordmotor und ohne Ruderanlage die Ruderwirkung erzielt?
- ■ Weshalb setzt bei einem Fahrzeug mit Einbaumaschine und starrer Welle bei Aufnahme der Rückwärtsfahrt die Ruderwirkung erst relativ spät ein?
- ■ Während der Fahrt sollte die Maschinenanlage ständig überwacht werden. Worauf muss besonders geachtet werden?

- Während der Fahrt sollte die Maschinenanlage ständig überwacht werden. Worauf muss besonders geachtet werden?

- Die Temperatur der Antriebsmaschine überschreitet die zulässigen Grenzwerte. Was könnte die mögliche Ursache sein?

- Die Ladekontrolllampe erlischt nach dem Starten nicht. Was könnte die mögliche Ursache sein?

- Die Ölkontrollleuchte leuchtet nach dem Starten weiter. Was könnte die mögliche Ursache sein?

- Der Motor ist gestartet worden. Was kann die Ursache sein, wenn nach dem Einkuppeln der Antriebswelle der Motor stehenbleibt?

- Ein Außenborder mit gefülltem Tank bleibt während der Fahrt stehen. Was könnten die Ursachen sein?

- Was sollte stets getan werden, bevor nach Ende einer Fahrt der Außenborder hochgekippt oder abgenommen wird?

- Welche Einstellung führt bei Bootsmotoren zu einem besonders hohen Schadstoffausstoß und sollte unbedingt vermieden werden?

- Wo sollen die Gasbehälter einer Flüssiggasanlage gelagert werden?

- Warum sind die Flüssiggase Propan und Butan an Bord besonders gefährlich?

- Was ist zu tun, wenn Flüssiggas in das Innere des Bootes gelangt?

- Was ist vor Inbetriebnahme einer Flüssiggasanlage zu prüfen?

- Was ist zu beachten, wenn eine Flüssiggasanlage außer Betrieb gesetzt wird?

- Wie häufig muss man aufblasbare Rettungsmittel warten lassen?

- Welcher Feuerlöscher ist für Sportboote zweckmäßig und wie häufig muss man einen Feuerlöscher überprüfen lassen?

- Welche Maßnahmen muss man ergreifen, um einen Brand mit dem Feuerlöscher wirksam zu bekämpfen?

- Wie hat man sich nach einem Zusammenstoß zu verhalten?

- Was bedeutet das „Manöver des letzten Augenblicks"?

- Wann ist das „Manöver des letzten Augenblicks" durchzuführen?

- Welche besonderen Maßnahmen sind bei verminderter Sicht zu treffen?

- Woran kann man feststellen, ob die Möglichkeit der Gefahr eines Zusammenstoßes besteht?

- Wie verhält man sich als Kurshalter, wenn man feststellt, dass ein anderes Fahrzeug seiner Ausweichpflicht nicht nachkommt und die Gefahr einer unmittelbaren Kollision bevorsteht?

- Was ist zu unternehmen, um die Schifffahrt zu warnen, wenn das eigene Fahrzeug gesunken ist und ein Schifffahrtshindernis darstellt?

- Womit kann ein steuerunfähiges Sportboot mit dem Bug in den Wind gehalten werden?

- Welche Sicherheitsmaßnahmen sind an Bord aufgrund der seemännischen Sorgfaltspflicht neben den in den Kollisionsverhütungsregeln vorgeschriebenen Verhaltensmaßregeln bei verminderter Sicht zu treffen?

- Welche Sicherheitsmaßnahmen sind auf See vor Eintritt von schwerem Wetter (Starkwind, Sturm) zu treffen?

- Mit welchen Hilfsmitteln kann eine im Wasser treibende Person schnell und sicher an Bord genommen werden?

- Was ist zu tun, wenn das Fahrzeug gekentert ist?

- Wie verhindert man das Überbordfallen von Personen bei starkem Seegang?

- Welche Sicherheitsmaßnahmen hat der Fahrzeugführer im Rahmen seiner seemännischen Sorgfaltspflicht vor Fahrtantritt zum Schutze und für die Sicherheit der Personen an Bord zu treffen?

- Wie hat sich ein Maschinenfahrzeug bei Kollisionsgefahr in einem Einbahnweg eines Verkehrstrennungsgebietes gegenüber einem Maschinenfahrzeug zu verhalten, das den Einbahnweg von Steuerbord kommend quert?

Dieses Kapitel vermittelt Ihnen einen Überblick über die wichtigsten erforderlichen Notsignale und Verhaltensweisen in einer Gefahrensituation auf See.

EINSATZ VON SEENOTSIGNALEN

Seenotsignale dürfen nur gegeben werden, wenn Gefahr für Leib und Leben der Besatzung und daher die Notwendigkeit zur Hilfe durch Dritte besteht.

Notsignale dürfen also nur in einem wirklichen Seenotfall gegeben werden. Wenn Seenotsignale wahrgenommen werden, wird der gesamte Seenotrettungsdienst der Küste alarmiert. Beachten Sie, dass für den Einsatz pyrotechnischer Signalmittel ein entsprechender Befähigungsnachweis erforderlich ist.

WAHRNEHMUNG VON SEENOTSIGNALEN

Wenn Sie als Schiffsführer Seenotsignale wahrnehmen, müssen Sie Hilfe leisten und erforderlichenfalls weitere Hilfe anfordern.

Abb. 140: Seenotsignale

Bei den folgenden aufgeführten Signalen handelt es sich um die wichtigsten Notsignale.

Sollten Sie eines der folgenden Notsignale wahrnehmen, verständigen Sie unbedingt den Seenotrettungsdienst oder geben Sie selbst Hilfe, falls Ihnen dies ohne sich selbst zu gefährden möglich ist.

ROTE LEUCHTRAKETE ODER ROTE LEUCHTKUGELN

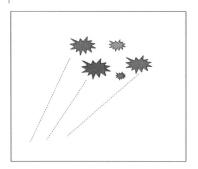

Abb. 141: Rote Leuchtrakete und Leuchtkugeln

ROTE HANDFACKEL

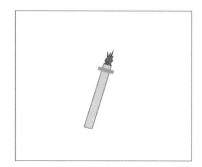

Abb. 142: Rote Handfackel

ORANGEFARBENES RAUCH-SIGNAL

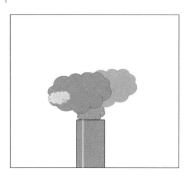

Abb. 143: Orangefarbenes Rauchsignal

DAUERTON EINES NEBEL-SIGNALGERÄTS

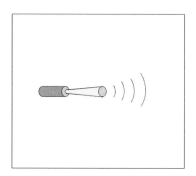

Abb. 144: Dauerton eines Nebelsignal-geräts

LANGSAMES HEBEN UND SENKEN SEITLICH AUSGESTRECKTER ARME

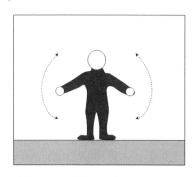

Abb. 145: Heben und Senken der Arme

DAS MORSESIGNAL SOS DURCH LICHT- ODER SCHALLSIGNALE

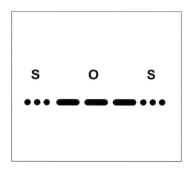

Abb. 146: Morsesignal SOS

„MAYDAY" DURCH SPRECH-FUNK

Abb. 147: Mayday

SEEWASSERFÄRBER

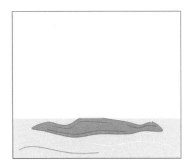

Abb. 148: Seewasserfärber

RADARTRANSPONDER

Abb. 149: Radartransponder

SIGNALE EINER SEENOTFUNK-BAKE BEZIEHUNGSWEISE -BOJE

Abb. 150: Seenotfunkbake

FLAGGENSIGNAL NC

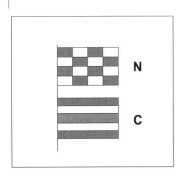

Abb. 151: Flaggensignal NC

BALL ÜBER ODER UNTER FLAGGE

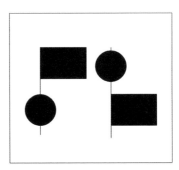

Abb. 152: Ball über oder unter Flagge

| KNALLSIGNAL ODER KANONEN-SCHÜSSE IN ABSTÄNDEN VON UNGEFÄHR EINER MINUTE | FLAMMENSIGNAL |

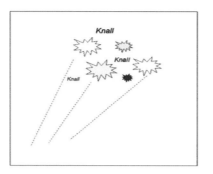

Abb. 153: Knallsignal oder Kanonen-schüsse

Abb. 154: Flammensignal

SEENOTRETTUNG MITTELS HUBSCHRAUBER

Bei der Rettung per Hubschrauber gibt es einige Besonderheiten zu beachten. Sollten Sie von einem Hubschrauber gerettet werden, müssen Sie sich wie folgt verhalten:

- Stellen Sie Ihr Fahrzeug in den Wind.

- Entfernen Sie soweit möglich Antennen und Stagen usw.

- Rettungsschlinge mit dem Zugpunkt nach vorn über den Kopf unter die Arme abwärts winkeln.

- Leisten Sie den Anweisungen der Hubschrauberbesatzung Folge.

Abb. 155: Rettung mittels Hubschrauber

Nachdem Sie das Kapitel „Notsignale und Seenotrettung" bearbeitet haben, sollten Sie die folgenden Prüfungsfragen beantworten können. Die Antwortmöglichkeiten können Sie sich mit Ihrem kostenlosen Testzugang im Online-Kurs SportbootführerscheinSee24 (siehe Begleitwort) herunterladen.

- ◼ Welche Notsignale können gegeben werden?

- ◼ Was bedeutet das Flaggensignal „NC" auf einem Fahrzeug?

- ◼ Was bedeutet anhaltendes Ertönen eines Nebelsignalgerätes von einem Fahrzeug?

- ◼ Was bedeutet das folgende durch Licht oder Schallsignal gegebene Morsesignal (●●● — — — ●●●)?

- ◼ Was bedeutet eine Leuchtrakete mit einem roten Stern?

- ◼ Was bedeutet nebenstehendes Flaggensignal?

- ◼ Was bedeutet auf einem Schiff eines der folgenden Signale?

KAPITEL 14: NAVIGATIONSAUFGABEN

Dieses Kapitel gibt Ihnen einen Überblick über die in der Theorieprüfung zu lösenden Navigations- beziehungsweise Kartenaufgaben. Sie werden bemerken, dass sich die Inhalte teilweise mit denen des Theoriekapitels „Navigation" überschneiden. Hier soll der Schwerpunkt auf den Inhalten der Navigationsaufgaben im Rahmen der Theorieprüfung gelegt werden.

> **Wichtig:** Laden Sie sich die Aufgabenstellungen der Navigationsaufgaben samt Übungskarten im Online-Kurs SportbootführerscheinSee24 herunter. Nutzen Sie dafür Ihren kostenlosen 5-Tage-Zugang. Mehr hierzu siehe Begleitwort.

NAVIGATIONSAUFGABE THEORIEPRÜFUNG

Jeder Prüfungsbogen beinhaltet eine unterschiedliche Karten- beziehungsweise Navigationsaufgabe, in welcher ein Kartenausschnitt zu bearbeiten ist.

> Hinweis: Wir empfehlen Ihnen unbedingt alle Kartenaufgaben mindestens einmal vor der Prüfung zu lösen. Oft sind Fehler in der Kartenaufgabe der Grund für das Nichtbestehen der Prüfung.

Es gibt insgesamt 15 mögliche Fragen, von denen je 9 Fragen pro Prüfungsbogen geprüft werden. Die verschiedenen Fragen umfassen im Wesentlichen folgende Themenstellungen:

- Eintragen und Ablesen einer Position
- Eintragen und Ablesen von Kursen und Peilungen
- Eintragen und Ablesen von Distanzen
- Berechnung von Geschwindigkeiten, Distanzen und Zeiten
- Koppeln und die Besteckversetzung angeben
- Erkennen und Benennen von Merkmalen der Tonnen, Leuchtfeuer und Seezeichen

Die 15 möglichen Prüfungsfragen zu den Kartenaufgaben lauten im Originalwortlaut wie folgt:

[1]   Wie lautet der rwK?

[2]   Tragen Sie den Kurs in die Seekarte ein.

[3]   Wie lautet der MgK?

[4]   Wie lauten die Peilungen?

[5]   Tragen Sie die Peilungen in die Seekarte ein.

[6]   Entnehmen Sie der Seekarte die geographische Position.

[7]   Tragen Sie die Position in die Seekarte ein.

[8]   Wie groß ist die Distanz?

[9]   Auf welcher Position befindet sich das Schiff nach Koppelort?

[10] Wie lautet die Besteckversetzung?

[11] In welcher Zeit erreichen Sie das Ziel?

[12] Wie groß ist die Geschwindigkeit?

[13] Welche Bedeutung hat das Schifffahrtszeichen?

[14] Beschreiben Sie das Schifffahrtszeichen (zum Beispiel Farbe, Kennung, Toppzeichen, Nenntragweite, Feuerhöhe, Art des Feuers).

[15] Was bedeutet diese Eintragung in der Seekarte?

NAVIGATIONSBESTECK

Als Hilfsmittel ist in der Theorieprüfung lediglich das Navigationsbesteck zugelassen. Ein Taschenrechner darf nicht verwendet werden.

Das Navigationsbesteck besteht aus:

- Kursdreieck
- Lineal oder Anlegedreieck
- Zirkel
- Bleistift
- Radiergummi
- Seekarte

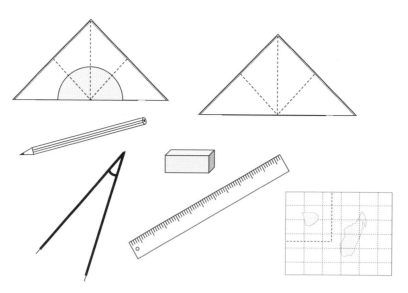

Abb. 156: Navigationsbesteck

So setzen Sie die Hilfsmittel ein:

- Kursdreieck: Mit dem Kursdreieck lesen Sie die Winkel von Kursen und Peilungen ab bzw. zeichnen diese in die Seekarte ein.

- Anlegedreieck oder Lineal: Das Anlegedreieck bzw. das Lineal dient dazu, Parallelverschiebungen des Kursdreiecks durchzuführen, ohne den Winkel zu „verlieren".

- Zirkel: Der Zirkel ist notwendig, um Distanzen aus der Seekarte ein- und abzutragen und diese am Kartenrand ablesen zu können.

- Bleistift: Mit dem Bleistift zeichnen Sie die Positionen, Kurse, Peilungen und sonstige Eintragungen in die Seekarte ein.

- Radiergummi: Mit dem Radiergummi können Sie die in der Seekarte vorgenommenen Eintragungen jederzeit radieren.

Die Auswirkungen von Erd- und Schiffsmagnetismus auf die Navigation und die erforderlichen Berichtigungen haben wir im Kapitel 9 „Navigation" bereits ausführlich kennengelernt.

BEREINIGEN UM ABLENKUNG UND MISSWEISUNG

Im Folgenden werden nochmals die wichtigsten Inhalte zur Bereinigung von Kursen und Peilungen um die Ablenkung und die Missweisung dargestellt. Immer wenn per Magnetkompass vorgenommene Kurse und Peilungen in die Seekarten eingetragen werden sollen, müssen diese zunächst um die Fehlweisung, also die Magnetkompassablenkung und die Missweisung, berichtigt werden.

Dabei wirkt die Verfälschung entweder in westliche oder in östliche Richtung.

Merke: Man rechnet vom „richtigen" (rechtweisenden) Kurs (rwK) zum falschen Kurs (mwK) mit umgekehrtem (falschem) Vorzeichen, vom „falschen" Kurs (MgK) zum richtigen Kurs (rwK) mit richtigem Vorzeichen!

In unserem Beispiel wirkt die Ablenkung 18 Grad in westliche (-), und die Missweisung 2 Grad in östliche Richtung (+).

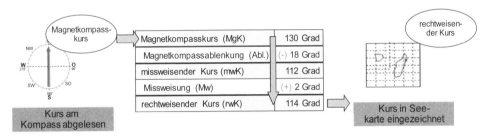

Abb. 157: Bereinigung Ablenkung und Missweisung: Umrechnung MgK zu rwK

Wenn Kurse oder Peilungen aus der Seekarte entnommen werden, müssen diese ebenso wieder auf den Magnetkompass um die Fehlweisung umgerechnet werden:

Abb. 158: Bereinigung Ablenkung und Missweisung: Umrechnung rwK zu MgK

Im Folgenden werden Ihnen die zur Lösung der Navigationsaufgaben erforderlichen Arbeitsschritte der Navigation im Detail erläutert.

EINTRAGEN EINER POSITION IN DER SEEKARTE

In der Kartenaufgabe wird Ihnen eine Position als Koordinate vorgegeben, beispielsweise 54° 50,5' N und 009° 57,5' E, die Sie dann in die Seekarte eintragen sollen.

Hierzu gehen Sie wie folgt vor:

▒ Suchen Sie die angegebene Breite der Position am linken Kartenrand (54° 50,5' N).

▒ Zeichnen Sie sich bei Bedarf eine Hilfslinie, um die Breite der Position einzuzeichnen. Legen Sie dazu das Kursdreieck rechtwinklig zum seitlichen Kartenrand bzw. zu einem Meridian an. ①

▒ Suchen Sie die angegebene Länge der Position am oberen Kartenrand (009° 57,5' E). Legen Sie dazu das Kursdreieck rechtwinklig zum oberen oder unteren Kartenrand an.

▒ Zeichnen Sie sich bei Bedarf eine Hilfslinie, um die Länge der Position einzuzeichnen. ②

▒ Der Schnittpunkt ist die Position. Tragen Sie die Koordinaten neben der Position ein. ③

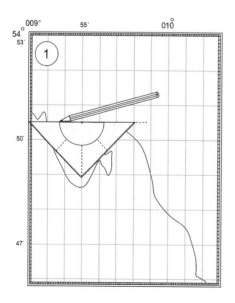
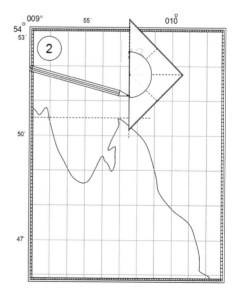

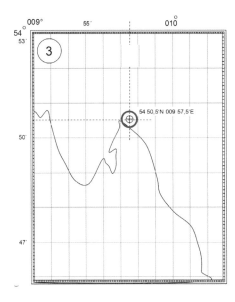

Abb. 159: Eintragen einer Position in der See-karte

ABLESEN EINER POSITION AUS DER KARTE

Meist wird Ihnen in der Kartenaufgabe eine Tonne oder ein Leuchtfeuer vor-gegeben, dessen Position Sie nun als Koordinate bestimmen sollen.

So gehen Sie vor:

▪ Nehmen Sie Ihr Kursdreieck und legen Sie es in der Horizontalen an dem Objekt an. ①

▪ Verschieben Sie das Kursdreieck dann parallel bis zum linken Kartenrand. Verwenden Sie bei Bedarf das Anlegedreieck. ②

▪ Lesen Sie die Breite der Position ab und notieren Sie diese auf dem Lösungs-blatt.

▪ Legen Sie Ihr Kursdreieck vertikal an das Objekt an. Bei Bedarf verschieben Sie es mit Hilfe des Anlegedreiecks bis zum oberen Kartenrand. ③

▪ Lesen Sie die Längenposition ab und notieren Sie diese auf dem Lösungs-blatt. ④

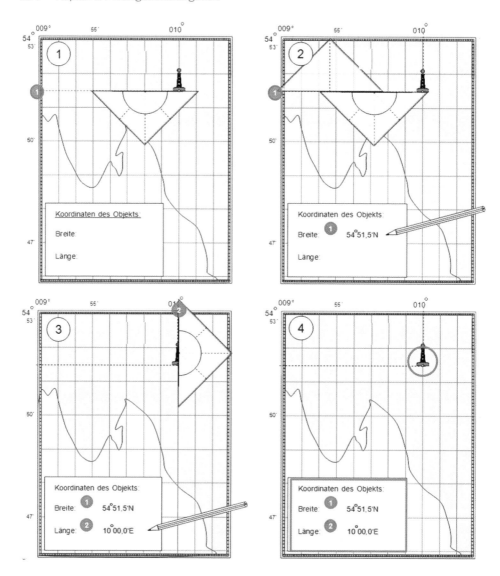

Abb. 160: Ablesen einer Position aus der Seekarte

EINZEICHNEN EINES KURSES ODER EINER PEILUNG IN DIE KARTE

Nachdem Sie die Position in der Seekarte eingetragen haben, müssen Sie dann meist noch einen vorgegebenen Kurs oder eine Peilung eintragen.

Hierzu gehen Sie wie folgt vor:

▨ Stellen Sie zunächst sicher, dass der vorgegebene Kurs ein rechtweisender Kurs ist. In unserem nachfolgenden Beispiel soll der Kurs 280° eingetragen werden. ①

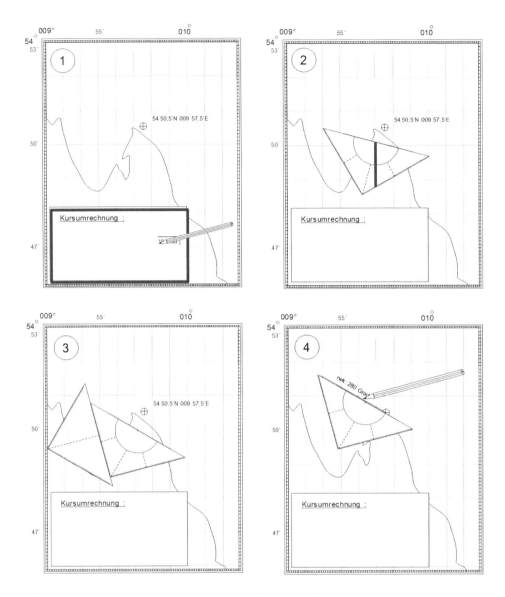

Abb. 161: Einzeichnen eines Kurses oder einer Peilung in die Seekarte

▦ Legen Sie Ihr Kursdreieck dann an einen Meridian – das ist eine der senk-
rechten Linien – in der Nähe der Position an.

▦ Drehen Sie das Kursdreieck so, bis der gewünschte Kurs durch Schnitt des
Meridians an der gesuchten Gradzahl abgelesen werden kann, vgl. ②.

▦ Legen Sie das Anlegedreieck an das Kursdreieck an und verschieben Sie es,
bis es Ihre Position schneidet, vgl. ③.

▦ Zeichnen Sie dann den Kurs in die Seekarte unter Angabe der Gradzahl ein. ④

ABLESEN EINES KURSES AUS DER SEEKARTE

Oft sollen Sie einen geplanten Kurs aus der Seekarte ablesen, das heißt Ihnen sind Start- und Zielpunkt bekannt.

Hier gehen Sie wie folgt vor:

▪ Zeichnen Sie den Kurs mit dem Kursdreieck in die Seekarte ein, indem Sie Ausgangs- und Endpunkt miteinander verbinden, vgl. ①.

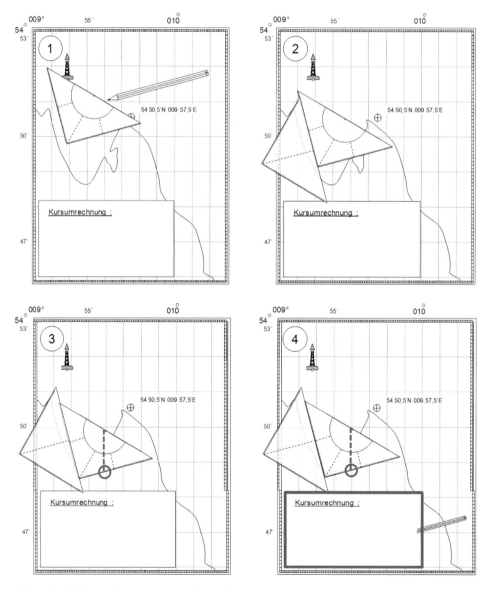

Abb. 162: Ablesen eines Kurses aus der Seekarte

- Legen Sie das Anlegedreieck an dem Kursdreieck an. ②

- Verschieben Sie das Dreieck bis zum nächstgelegenen Meridian. ③

- Lesen Sie den Kurs am Anlegedreieck ab. Dieser Kurs ist der rechtweisende Kurs, vgl. ④.

- Falls nach dem Magnetkompasskurs oder Steuerkurs gefragt ist, bereinigen Sie diesen.

- Tragen Sie das Ergebnis dann in das Lösungsblatt ein.

ABLESEN VON DISTANZEN AUS DER KARTE

In manchen Kartenaufgaben sollen Sie Distanzen aus der Seekarte ablesen, um beispielsweise zu bestimmen, wie weit es noch bis zu einer bestimmten Position ist. In unserem Beispiel soll der Abstand vom Boot zur roten Tonne gemessen werden. Hierzu gehen Sie so vor:

- Nehmen Sie den Zirkel und spannen Sie ihn über die zu messende Distanz auf. ②

- Legen Sie den Zirkel ohne Änderung der Spannweite nun an den linken Kartenrand an. ③

- Lesen Sie die Distanz ab. Eine Breitenminute einspricht einer Seemeile.

- Der abgelesene Wert entspricht also der gemessenen Distanz in Seemeilen.

- Tragen Sie Ihr Ergebnis auf dem Lösungsblatt ein. ④

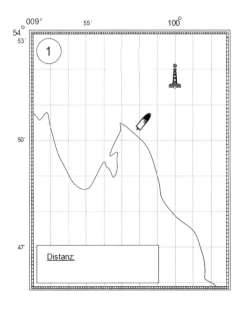
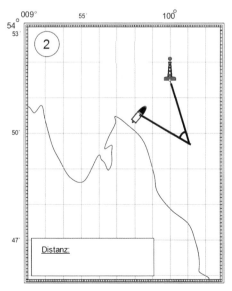

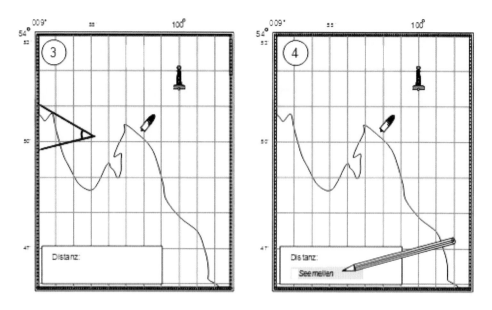

Abb. 163: Ablesen von Distanzen aus der Seekarte

GESCHWINDIGKEIT, DISTANZEN UND ZEIT

In den Kartenaufgaben wird neben dem Abmessen einer Distanz auch nach weiteren Variablen, wie der Fahrtdauer oder der Geschwindigkeit gefragt.

Um diese Variablen zu berechnen, benötigen Sie diese Formeln:

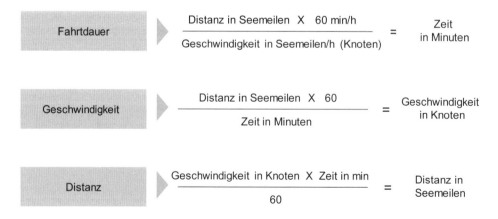

Abb. 164: Berechnungsformeln Geschwindigkeit, Distanzen und Zeit

KOPPELN UND BESTECKVERSETZUNG

Ist die vorhergehende Positionsbestimmung per Peilung aufgrund fehlender Orientierungspunkte (beispielsweise bei verminderter Sicht) nicht möglich, besteht die Möglichkeit, die Position mittels Kurs und Fahrt, durch das sogenannte „Koppeln" zu bestimmen. Ein gekoppelter Ort ist i.d.R. ungenauer als ein gepeilter Ort.

Es wird zunächst die letzte bekannte Position (O_b = ein beobachteter Ort) in der Seekarte eingezeichnet. Von ihr ausgehend wird der gefahrene (rechtweisende) Kurs als Vektor eingetragen.

Siehe auch Kapitel 9 „Navigation".

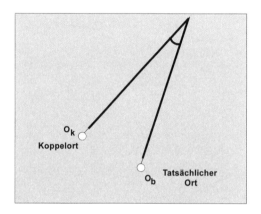

Abb. 165: Koppelort

Die Distanz wird mit der folgenden Formel anhand der gefahrenen Zeit und mit der Logge (Fahrt durchs Wasser) der gemessenen Geschwindigkeit berechnet:

$$\text{Distanz} \quad \triangleright \quad \frac{\text{Geschwindigkeit in Knoten X Zeit in min}}{60} = \text{Distanz in Seemeilen}$$

Abb. 166: Berechnung der Distanz

Bei dieser so bestimmten Position spricht man vom „Koppelort (O_k)".

Bei der Ermittlung des Koppelortes O_k ist insbesondere die Wirkung von Strömung und Wind auf das Schiff zu beachten. Die so durch Koppeln ermittelte Position wird durch Wind und Strom unter Umständen deutlich verfälscht. Hierbei treten die Effekte der Strömungsversetzung und der Windversetzung auf:

- Stromversetzung: Die Versetzung des Schiffes über Grund in Richtung und Distanz. Sie wird durch Gezeiten- oder Meeresströmungen verursacht.

- Windversetzung: Die Versetzung des Schiffes über Grund in Richtung und Distanz, die durch Wind verursacht wird.

Unter der „Besteckversetzung" wird die Versetzung zwischen der mittels Kopplung ermittelten Position O_k und einer zeitgleich durchgeführten Positionsermittlung per Peilung (Ermittlung eines O_b) verstanden.

Es handelt sich also um die eine bestimmte Entfernung (in sm) und die rechtweisende Richtung (Vektor) vom Koppelort O_k zum beobachteten Ort O_b.

Wie weit die Distanz zwischen Koppelort O_k und beobachteten Ort O_b ist, kann durch Abnehmen der Distanz mit dem Zirkel und Messen am seitliche Kartenrand ermittelt werden.

Siehe auch Kapitel 9 „Navigation".

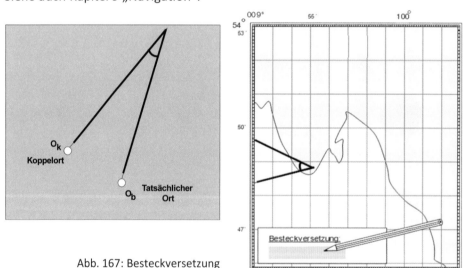

Abb. 167: Besteckversetzung

ERKENNEN VON TONNEN, LEUCHTFEUERN UND SEEZEICHEN

In den Kartenaufgaben werden Sie nach unterschiedlichen Merkmalen von Tonnen, Leuchtfeuern und Seezeichen gefragt, die in der jeweiligen Seekarte eingetragen sind.

Tonnen haben immer einen identischen Aufbau. Hier sehen Sie die wichtigsten Merkmale des Aufbaues einer Tonne am Beispiel der Heultonne Süderpiep:

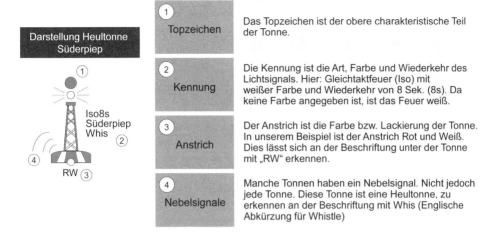

Abb. 168: Merkmale von Tonnen

TOPPZEICHEN

Diese Übersicht zeigt Ihnen nochmals die wichtigsten Toppzeichen der Tonnen:

Abb. 169: Toppzeichen von Tonnen

KENNUNGEN

Die folgende Übersicht zeigt Ihnen nochmals die wichtigsten Kennungen (Lichterscheinungen) von Tonnen:

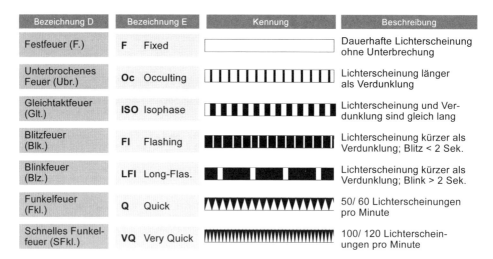

Abb. 170: Kennungen

ANSTRICH

Der Anstrich ist von Tonne zu Tonne unterschiedlich. Für Fahrwassertonnen werden meist die Farben rot, grün und weiß verwendet. Bei Tonnen zur Bezeichnung von Gefahrenstellen werden die Farben schwarz und gelb verwendet. Detaillierte Informationen finden Sie in Kapitel 8 „Betonnung".

GERÄUSCHKENNUNGEN

Markante Tonnen werden oft mit folgenden möglichen Nebelschallsignalen ausgerüstet:

Deutsche Bezeichnung		Internationale Bezeichnung
Horn	Horn	Horn
Glocke	Gl.-Tn.	Bell
Heuler	Hl.-Tn.	Whistle
Gong	Gong	Gong

Abb. 171: Nebelsignale

MERKMALE VON LEUCHTFEUERN

Auch die Leuchtfeuer lassen sich durch ihre unterschiedlichen charakteristischen Merkmale unterscheiden. Jede Ausprägung hat dabei eine eigene Bedeutung. Die Darstellung erfolgt hier beispielhaft am Leuchtfeuer Flügge:

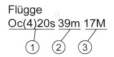

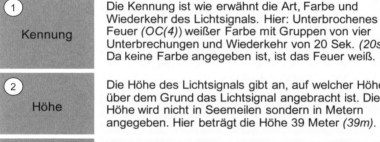

① **Kennung**	Die Kennung ist wie erwähnt die Art, Farbe und Wiederkehr des Lichtsignals. Hier: Unterbrochenes Feuer *(OC(4))* weißer Farbe mit Gruppen von vier Unterbrechungen und Wiederkehr von 20 Sek. *(20s)*. Da keine Farbe angegeben ist, ist das Feuer weiß.
② **Höhe**	Die Höhe des Lichtsignals gibt an, auf welcher Höhe über dem Grund das Lichtsignal angebracht ist. Die Höhe wird nicht in Seemeilen sondern in Metern angegeben. Hier beträgt die Höhe 39 Meter *(39m)*.
③ **Tragweite**	Die Tragweite stellt die Distanz der Leuchtkraft des Lichtsignals dar. Diese Distanz wird in Seemeilen angegeben. In diesem Fall ist die Tragweite 17 Seemeilen *(17M)*. M steht hier für Seemeilen.

Abb. 172: Merkmale von Leuchtfeuern

Nachdem Sie das Kapitel „Navigationsaufgaben" bearbeitet haben, sollten Sie die folgenden Prüfungsfragen beantworten können. Ihnen wird für die Beantwortung der Fragen jeweils ein entsprechender Kartenausschnitt zur Verfügung gestellt.

Wichtig: Laden Sie sich alle Navigationsaufgaben und deren Lösungen im Online-Kurs SportbootführerscheinSee24 herunter. Nutzen Sie dazu Ihren kostenlosen 5-Tages-Zugang, wie im Begleitwort beschrieben.

- Wie lautet der rwK?

- Tragen Sie den Kurs in die Seekarte ein.

- Wie lautet der MgK?

- Wie lauten die Peilungen?

- Tragen Sie die Peilungen in die Seekarte ein.

- Entnehmen Sie der Seekarte die geographische Position.

- Tragen Sie die Position in die Seekarte ein.

- Wie groß ist die Distanz?

- Auf welcher Position befindet sich das Schiff nach Koppelort?

- Wie lautet die Besteckversetzung?

- In welcher Zeit erreichen Sie das Ziel?

- Wie groß ist die Geschwindigkeit?

- Welche Bedeutung hat das Schifffahrtszeichen?

- Beschreiben Sie das Schifffahrtszeichen (zum Beispiel Farbe, Kennung, Toppzeichen, Nenntragweite, Feuerhöhe, Art des Feuers).

- (Hier wird Ihnen eine Eintragung aus der Seekarte dargestellt): Was bedeutet diese Eintragung in der Seekarte?

Dieses Kapitel gibt Ihnen die wichtigsten Informationen rund um die Theorie-prüfung. Beide Teile der Prüfung zum Sportbootführerschein See, sowohl die Theorie- als auch die Praxisprüfung, sollen am gleichen Tag abgelegt werden.

PRÜFUNGSINHALT THEORIEPRÜFUNG

In der Theorieprüfung müssen Sie einen der 15 amtlichen Prüfungsfragebögen schriftlich beantworten. Jeder Fragebogen besteht dabei aus einem Theorie-teil, der aus 7 Basisfragen und 23 spezifischen Fragen besteht, sowie einer Navigationsaufgabe, die sich aus 9 Teilfragen zusammensetzt. Insgesamt sind also 39 Fragen zu beantworten. Für jede richtig beantwortete Frage gibt es einen Punkt. Es sind insgesamt also maximal 39 Punkte möglich.

Die einzelnen Teile der Theorieprüfung im Überblick sind:

- Basisfragen
- spezifische Fragen
- Navigationsfragen

Die Abfrage des Theorieteiles erfolgt im Multiple-Choice-Modus. Ihnen werden dabei jeweils vier Antwortmöglichkeiten vorgegeben, wobei immer nur eine der vier Antwortmöglichkeiten richtig ist. Sie müssen die jeweils richtige Ant-wort durch Ankreuzen kenntlich machen.

BASISFRAGEN

Bei den Basisfragen handelt es sich um grundsätzliche Fragen aus den The-mengebieten Umweltschutz, allgemeines Verhalten, Verkehrs- und Verhal-tensvorschriften und Seemannschaft. Der Fragenkatalog für die Basisfragen ist sowohl für die Prüfung zum Sportbootführerschein Binnen als auch zum Sport-bootführerschein See gleich.

Es werden in jedem Fragebogen sieben Basisfragen aus 72 möglichen Basis-fragen des amtlichen Prüfungsfragenkataloges geprüft.

> Wichtig: Inhaber des amtlichen Sportbootführerscheines Binnen unter Antriebsmaschine (Motor) sind von der Beantwortung dieser Basisfragen befreit.

SPEZIFISCHE FRAGEN

Bei den spezifischen Fragen handelt es sich um Fragen aus allen Themengebieten, die insbesondere die Erfordernisse für das Verhalten auf Seeschifffahrtsstraßen und Küstengewässern umfassen. Diese unterscheiden sich, je nachdem ob Sie die Prüfung zum Sportbootführerschein See oder zum Sportbootführerschein Binnen machen.

Es werden in jedem Prüfungsfragebogen 23 Fragen aus 213 möglichen spezifischen Fragen für den Sportbootführerschein See des amtlichen Prüfungsfragenkataloges geprüft.

Um bei der Prüfung zu bestehen müssen Sie aus dem Theorieteil, also Basisfragen und spezifischen Fragen, mindestens 24 der 30 Fragen richtig beantworten.

Wenn Sie den amtlichen Sportbootführerschein Binnen unter Antriebsmaschine bereits besitzen und daher von den Basisfragen befreit sind, müssen Sie mindestens 18 von 23 spezifischen Fragen richtig beantworten.

NAVIGATIONSFRAGEN

Zur Bearbeitung der Navigationsfragen ist in jedem Fragebogen einer von acht möglichen Kartenausschnitten zu bearbeiten. Die Lösungen sind sowohl zeichnerisch, schriftlich, als auch rechnerisch zu erarbeiten. Bei den Navigationsfragen erfolgt die Abfrage nicht im Multiple-Choice-Modus, die Antworten sind schriftlich zu formulieren.

Die Aufgabenstellung beinhaltet dabei immer neun von den insgesamt 15 möglichen folgenden Fragentypen. Hier sehen Sie die einzelnen möglichen Fragetypen nochmals im Originalwortlaut in der Übersicht:

[1]   Wie lautet der rwK?

[2]   Tragen Sie den Kurs in die Seekarte ein.

[3]   Wie lautet der MgK?

[4]   Wie lauten die Peilungen?

[5]   Tragen Sie die Peilungen in die Seekarte ein.

[6]   Entnehmen Sie der Seekarte die geographische Position.

[7]   Tragen Sie die Position in die Seekarte ein.

[8]   Wie groß ist die Distanz?

[9]   Auf welcher Position befindet sich das Schiff nach Koppelort?

[10]   Wie lautet die Besteckversetzung?

[11]   In welcher Zeit erreichen Sie das Ziel?

[12]   Wie groß ist die Geschwindigkeit?

[13]   Welche Bedeutung hat das Schifffahrtszeichen?

[14]   Beschreiben Sie das Schifffahrtszeichen (zum Beispiel Farbe, Kennung, Toppzeichen, Nenntragweite, Feuerhöhe, Art des Feuers).

[15]   Was bedeutet diese Eintragung in der Seekarte?

Um bei der Prüfung zu bestehen, müssen Sie mindestens sieben von neun Navigationsfragen richtig beantworten.

MINDESTPUNKTZAHLEN

Die folgende Übersicht zeigt, welche Anzahl von Punkten mindestens zum Bestehen der Prüfung notwendig ist:

Themengebiet	Anzahl Fragen	Mindest-punktzahl
Basisfragen und Spezifische Fragen	30	24
Navigationsfragen	9	7

Tab. 10: Mindestpunktzahl Theorieprüfung ohne Anerkennung

Mit Befreiung der Basisfragen durch Anerkennung des amtlichen Sportbootführerscheines Binnen unter Antriebsmaschine, sind diese Punkte zum Bestehen mindestens erforderlich:

Themengebiet	Anzahl Fragen	Mindest- punktzahl
Spezifische Fragen	23	18
Navigationsfragen	9	7

Tab. 11: Mindestpunktzahl Theorieprüfung mit Anerkennung

> Wichtig: Um die Theorieprüfung zu bestehen, müssen Sie beide Teile, den Theorieteil und den Navigationsteil bestehen. Wenn Sie einen der beiden Teile nicht bestanden haben, so gilt die ganze Theorieprüfung als nicht bestanden.

Wird in einem Themengebiet die Mindestpunktzahl nicht erreicht, gilt die gesamte Prüfung als nicht bestanden und muss vollständig wiederholt werden.

PRÜFUNGSABLAUF UND PRÜFUNGSDAUER

Für die gesamte Theorieprüfung haben Sie 60 Minuten Zeit. Wenn Sie von den Basisfragen befreit sind, haben Sie 50 Minuten Zeit. Zusätzlich ist bei der Theorieprüfung folgendes zu beachten:

- Als Hilfsmittel sind nur ein Kugelschreiber beziehungsweise ein Bleistift und das Navigationsbesteck (Zirkel, Kursdreieck, Anlegedreieck, Radiergummi) zugelassen.

- Bitte legen Sie Ihren Personalausweis beziehungsweise Reisepass auf Ihren Tisch, da die Prüfer während der Prüfung Ihre Identität überprüfen werden.

- Die Verwendung unerlaubter Hilfsmittel, sowie Gespräche mit dem Nebensitzer führen automatisch zum Ausschluss aus der Prüfung.

PRÜFUNGSORT

Die Prüfungen werden durch einen der 13 lokalen Prüfungsausschüsse für den Sportbootführerschein See durchgeführt.

Hinweis: Eine Übersicht der Prüfungsausschüsse finden Sie hier: http://www.sbfs24.com unter dem Link FAQs/Info.

Den genauen Prüfungsort und die Prüfungszeit erfahren Sie direkt beim zuständigen Prüfungsausschuss.

Sollten Sie Fragen zur Prüfungsanmeldung und zum Prüfungsablauf haben, so sprechen Sie uns jederzeit an: support@sbfs24.com.

Dieses Kapitel gibt Ihnen einen Überblick über die wichtigsten Grundregeln beim Motorbootfahren. Es kann die Praxisausbildung durch einen Ausbilder nicht ersetzen. Es fasst im Theorieteil ausführlich behandelte Inhalte nochmals zusammen und kann so als Lernhilfe für die Ausbildung im Rahmen der Motorbootpraxis fungieren. Teilweise wurden diese Inhalte bereits in den vorherigen Kapiteln dargestellt.

AUFBAU UND TECHNIK

Die folgende Grafik veranschaulicht schematisch den Aufbau eines Motorboots:

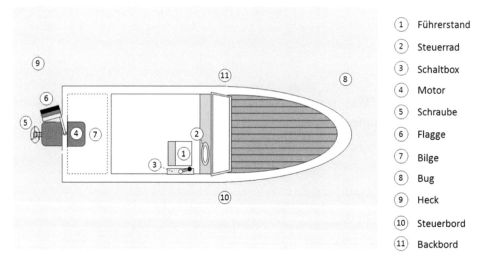

1	Führerstand
2	Steuerrad
3	Schaltbox
4	Motor
5	Schraube
6	Flagge
7	Bilge
8	Bug
9	Heck
10	Steuerbord
11	Backbord

Abb. 173: Aufbau Motorboot

SICHERHEIT AN BORD

Die Sicherheit aller an Bord befindlichen Personen hat stets oberste Priorität.

Der Fahrzeugführer hat vor dem Auslaufen folgende Sicherheitsmaßnahmen zu treffen:

- Überprüfung der Rettungs- und Sicherheitsmittel auf Funktion und Vollständigkeit

- Einweisung und Belehrung der Besatzung über Rettungs- und Sicherheitsmaßnahmen (Sicherheitsvorkehrungen/Handhabung Rettungs- und Feuerlöschmittel)
- Einholung des Wetterberichts und nautischer Warnnachrichten
- Hinterlassen der Namen der an Bord befindlichen Personen und der geplanter Reiseroute an Land bei längerer Abwesenheit

Die folgende Sicherheitsausrüstung ist zwingend vorgeschrieben. Eine Überprüfung auf Funktion und Vollständigkeit ist vor jedem Bootstörn Pflicht:

- Mundsignalhorn
- Bootshaken
- Kompass
- Notbeleuchtung (Taschenlampe)
- Lenzpumpe, Eimer und Ölfass
- Festmacher- und Schleppleinen
- Notsignale
- Verbandskasten
- Paddel oder Ruder
- Anker mit Kettenvorläufer und Leine sowie Treibanker
- Feuerlöscher
- Rettungsweste (für jede Person an Bord eine Rettungsweste)
- Rettungsring mit Wurfleine und Leuchte
- Radarreflektor

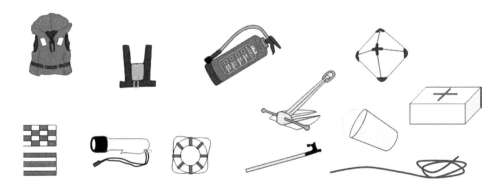

Abb. 174: Mindestausrüstung

STARTEN DES MOTORS UND TANKEN

Prüfen Sie vor jedem Starten der Maschine, dass die Getriebestellung auf „neutral" steht, da das Fahrzeug sich sonst beim Start unkontrolliert bewegen und ruckartig anfahren könnte.

Bei einem Innenbordmotor ist vor jedem Starten der Maschine stets der Motorenraum und die Bilge zu lüften, um einer Explosionsgefahr vorzubeugen.

Der Motor ist während des Tankvorgangs abzustellen. Rauchen, Feuer und offenes Licht ist beim Tanken unbedingt zu vermeiden.

ANPASSUNG DER GESCHWINDIGKEIT

Ein Fahrzeug hat allgemein mit einer sicheren Geschwindigkeit zu fahren, das heißt es muss sich der Verkehrslage und den gegebenen Sicht- und Witterungsverhältnissen anpassen und muss jederzeit aufgestoppt werden können. Lokale Geschwindigkeitsbeschränkungen, die durch eine entsprechende Beschilderung ausgewiesen sind, sind grundsätzlich zu beachten.

GESCHWINDIGKEIT IN ENGEN GEWÄSSERN

In engen Gewässern müssen Sie vorsichtig und langsam fahren; Sog- und Wellenschlag ist zu vermeiden.

Wenn Sie anderen Fahrzeugen in engen Gewässern begegnen, ist die Geschwindigkeit zu reduzieren und ausreichender Passierabstand zu halten.

GESCHWINDIGKEIT GERINGE WASSERTIEFE UND STARKER SEEGANG

Bei geringer Wassertiefe müssen Sie Ihre Geschwindigkeit drosseln, um die Steuerfähigkeit zu verbessern und eine Grundberührung durch ein Absenken des Hecks zu vermeiden.

Bei starkem Seegang ist die Fahrt zu vermindern, um Schäden durch Seeschlag zu vermeiden.

WICHTIGE AUSWEICH-, VERHALTENS- UND FAHRREGELN

Beachten Sie stets, dass Sie als Motorbootfahrer gegenüber anderen Fahrzeugarten immer ausweichpflichtig sind.

> Wichtig: Ausweichmanöver sind frühzeitig, durchgreifend und klar erkennbar durchzuführen.

Außerhalb ausgewiesener Fahrwasser und auf hoher See regeln die Kollisionsverhütungsregeln das Ausweichverhalten von Fahrzeugen, innerhalb ausgewiesener Fahrwasser gelten die Regelungen der Seeschifffahrtsstraßen-Ordnung.

Die folgende Darstellung zeigt Ihnen, welches Fahrzeug Vorfahrt hat. Das in der Grafik jeweils „höher" dargestellte Fahrzeug hat Vorfahrt vor „tiefer" dargestellten Fahrzeugen.

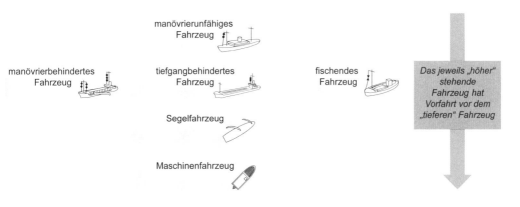

Abb. 175: Übersicht Ausweichregeln

ÜBERHOLEN

Grundsätzlich ist Überholen im Rahmen der zulässigen Höchstgeschwindigkeit möglich. Das Überholmanöver ist aber nur dann gestattet, wenn es ohne Gefährdung oder Behinderung anderer Fahrzeuge durchgeführt werden kann und es die Fahr- und Sichtverhältnisse zulassen. Grundsätzlich können andere Fahrzeuge an beiden Seiten überholt werden.

SCHALLZEICHEN

Diese folgenden Schallzeichen sollten Sie im Rahmen der Praxis unbedingt kennen:

Schallzeichen	Darstellung	Bedeutung
Ein kurzer Ton	O	„Ich richte meinen Kurs nach Steuerbord"
Zwei kurze Töne	O O	„Ich richte meinen Kurs nach Backbord" oder „Vorbeifahrt Steuerbord an Steuerbord"
Drei kurze Töne	O O O	„Meine Maschine geht rückwärts"
Vier kurze Töne	O O O O	„Ich bin manövrierunfähig"

Tab. 12: Schallzeichen Fahrzeuge Praxis

Schauen Sie sich das Kapitel „Motorboot Praxis Einführung" als Lernvideo an:

Dieses Kapitel gibt Ihnen die wichtigsten Informationen rund um die in der praktischen Prüfung geforderten Manöver. In der praktischen Prüfung werden folgende Prüfungsteile unterscheiden:

- Pflichtmanöver: Diese Manöver sind immer Bestandteil der Prüfung und werden vom jedem Prüfling verlangt.

- Sonstige Manöver: Dies sind Manöver, aus denen der Prüfer optional ausgewählte Manöver prüfen kann.

Mehr zum Aufbau und Ablauf der Praxisprüfung lesen Sie im Kapitel 20 „Praxisprüfung".

Hinweis: Beide Prüfungsteile, also Theorie- und Praxisprüfung, sind in der Regel am gleichen Tag abzulegen. Berücksichtigen Sie das bei Ihrer Prüfungsplanung.

PFLICHTMANÖVER

FAHREN NACH KOMPASS

Beim Fahren nach dem Kompass, auch Kursfahren genannt, geht es darum einen vom Prüfer vorgegeben Kurs zu fahren. Der Prüfer sagt den Kurs entweder als Himmelsrichtung, also beispielsweise „Nord", oder als Gradzahl, wie zum Beispiel „270 Grad" an. Der Kurs muss zügig und wenn möglich auf direktem Weg gefahren werden. Das Vorgehen bei diesem Manöver ist wie folgt:

- Der Prüfer oder der Ausbilder sagt einen neuen Kurs an, beispielsweise „Kurs 90 Grad".

- Der Bootsführer bestätigt den neuen Kurs mit dem Ruf: „Neuer Kurs 90 Grad".

- Nun prüft der Bootsführer auf dem Steuerkompass, wohin er steuern muss.

- Der Bootsführer steuert nun auf direktem/nächsten Weg in die gewünschte Richtung.

▓ Es wird so lange eine Kurve gefahren, bis der neue Kurs anliegt.

▓ Der neue Kurs sollte sauber gefahren werden (plus/minus 5 Grad).

▓ Liegt der neue Kurs sauber an, bestätigt der Bootsführer dies mit dem Ruf „Kurs 90 Grad liegt an".

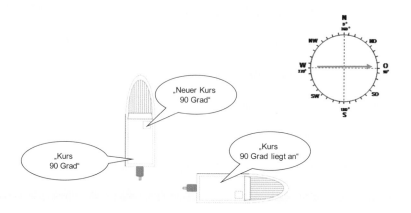

Abb. 176: Manöver Kurs fahren

Schauen Sie sich das Manöver „Fahren nach Kompass" als Lernvideo an:

RETTUNGSMANÖVER

Das Rettungsmanöver wird oft auch als „Mann über Bord"- bzw. „Mensch über Bord"-Manöver bezeichnet. Das Rettungsmanöver wird in der Regel aus Kursfahrt mit gemäßigtem Tempo durchgeführt. Beim Rettungsmanöver geht es darum, eine über Bord gefallene Person wieder mit dem Boot aufnehmen beziehungsweise retten zu können. In der Prüfung wird dies meist dadurch simuliert, dass ein Rettungsring oder eine Boje über Bord geworfen wird.

Das Rettungsmanöver läuft schematisch wie folgt ab:

▓ Ein Mann, in der Praxisausbildung ein Rettungsring oder eine Boje, fällt an Steuerbord oder Backbord über Bord.

▨ Der Steuermann nimmt sofort den Gang raus, setzt die Getriebestellung auf neutral und lenkt das Steuerrad voll zum Mann. So dreht sich das Heck mit der gefährlichen Schraube vom Überbordgegangenen weg.

▨ Idealerweise zeitgleich oder unmittelbar danach erfolgt der Ruf: „Mann über Bord", „Rettungsmittel ausbringen", „Ausguck stellen".

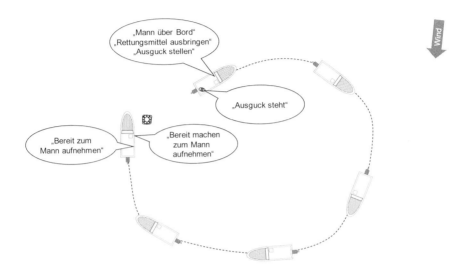

Abb. 177: Manöver – Rettungsmanöver

▨ Ein Mitglied der Mannschaft stellt den Ausguck und ruft: „Ausguck steht". Hinweis: In der Praxisausbildung wird das Rettungsmittel beziehungsweise der Rettungsring in der Regel nicht ausgeworfen.

▨ Der Steuermann prüft, aus welcher Richtung der Wind kommt, damit er ableiten kann, gegen welche Richtung er den Mann anfahren muss. Der Überbordgegangene wird immer gegen den Wind angefahren.

▨ Dann wird circa drei bis fünf Bootslängen geradeaus vom Mann wegfahren.

▨ Es wird ein Kreis oder eine Schlaufe gefahren, bis der Mann dann gegen Wind und Strom angesteuert werden kann.

▨ Der Motor ist rechtzeitig vor dem Mann auszukuppeln (ca. 3 bis 4 Bootslängen).

▨ Das Boot soll auf Höhe der über Bord gegangenen Person durch kurzes Einlegen des Rückwärtsganges aufgestoppt und vollständig zum Stehen gebracht werden.

- Der Bootsführer ruft dann: „Bereit machen zum Mann aufnehmen an Steuerbord beziehungsweise Backbord".

- Ein Mitglied der Mannschaft ruft „Bereit zum Mann aufnehmen".

- Der Überbordgegangene (beziehungsweise Ring/Boje) wird dann mit der Hand oder bei hochwandigen Schiffen auch mit Hilfe des Bootshakens aufgenommen.

ANLEGEN ÜBER STEUERBORD UND BACKBORD

Beim Anlegen geht es darum, das Boot durch entsprechendes Manövrieren in kurzer Distanz parallel zum Steg zum Stehen zu bringen. In der Regel wird an einem freien Steg oder einer Kaimauer angelegt. Boote mit nur einer Antriebsschraube haben durch den Radeffekt immer eine geeignete und eine weniger geeignete Seite zum Anlegen. In unserem Beispiel wollen wir den Radeffekt unberücksichtigt lassen. Wir beschreiben hier beispielhaft das Anlegemanöver an einem Steg. Das Vorgehen beim Manöver Anlegen ist wie folgt:

- Zunächst langsames Ansteuern der Anlegestelle in einen Winkel von circa 45 Grad.

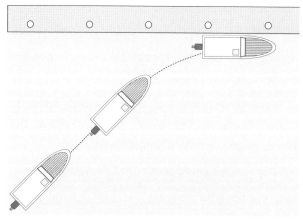

- Geschwindigkeit reduzieren, den Gang rechtzeitig (circa 2 bis 3 Bootslängen Abstand zum Steg) in Leerlaufstellung bringen und dann das Boot gleiten lassen.

Abb. 178: Manöver - Anlegen

- Wenn der Bug noch circa 2 m Abstand zur Anlegestelle hat, das Steuer zunächst vollständig weg vom Steg legen, so dass sich der Bug etwas vom Steg weg bewegt. Eventuell kurz Vorwärtsschub geben, bis das Boot auf die Lenkbewegung reagiert.

- Das Boot dann parallel in der Gleitfahrt auf den Steg lenken, ohne ihn dabei zu touchieren.

▦ Stoppen Sie das Boot durch kurzes Einlegen des Rückwärtsgangs auf.

▦ Das Boot sollte mit einem Abstand von maximal einer halben Armlänge parallel zum Steg zum stehen kommen.

Schauen Sie sich das Manöver „Anlegen" als Lernvideo an:

ABLEGEN ÜBER STEUERBORD ODER BACKBORD

Beim Ablegen geht es darum, das parallel zum Steg liegende Boot vom Steg so weg zu manövrieren, dass wieder „normale" Fahrt aufgenommen werden kann. Das Manöver ist wie folgt durchzuführen:

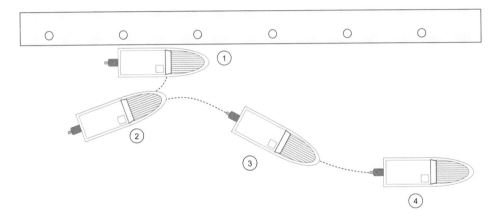

Abb. 179: Manöver – Ablegen

▦ Das Boot liegt ohne Fahrt parallel zum Steg.

▦ Zunächst das Steuerrad voll zum Steg einschlagen und einen kurzen Schub nach vorne geben, ohne dabei den Steg zu touchieren. Das Heck des Bootes dreht sich so weg vom Steg. Dieser Vorgang wird „Eindampfen" genannt.

▦ Dann das Steuerrad ganz weg vom Steg einschlagen und circa 2 Meter rückwärts gerade vom Steg absetzen, um ausreichend Abstand zwischen Boot und Steg zu haben.

▦ Das Steuerrad dann gerade oder leicht weg vom Steg stellen und mit dem Boot vorwärts die Anlegestelle verlassen.

PEILEN

Beim Praxismanöver „Peilen" wird die Durchführung einer einfachen Peilung oder einer Kreuzpeilung verlangt. Wie dies durchzuführen ist, wurde bereits in Kapitel 9 „Navigation" dargestellt.

SONSTIGE MANÖVER

WENDEN AUF ENGEM RAUM

Beim Manöver „Wenden auf engem Raum" fahren Sie im Hafen in eine enge Gasse und wenden in dieser Gasse. Boote mit nur einer Antriebsschraube haben durch den Radeffekt immer eine geeignete und weniger geeignete Drehrichtung des Propellers. In unserem Beispiel wollen wir den Radeffekt unberücksichtigt lassen. Sie können sich das Manöver ähnlich dem Manöver beim Auto-Wenden in drei Zügen vorstellen. Das Manöver sollte wie folgend beschrieben durchgeführt werden:

- Zunächst wird in eine Hafengasse mittig mit langsamer Geschwindigkeit eingefahren.

- Dann den Motor auskuppeln. Wenn das Boot fast zum Stehen kommt, das Ruder ganz nach Backbord (bei anderer Drehrichtung entgegengesetzt Steuerbord) einschlagen und das Boot gleiten lassen.

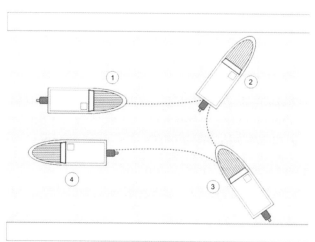

- Das Boot weiter nach Backbord gleiten lassen bis es quer in der Gasse steht (Mindestabstand zu anderen Booten: 1 m). Nutzen Sie dabei stets den Raum nach vorne.

Abb. 180: Manöver –
Wenden auf engem Raum

- Dann das Steuer ganz nach Steuerbord einschlagen und kurz den Rückwärtsgang einlegen.

- Das Boot rückwärts gleiten lassen (Mindestabstand zu anderen Booten: 1 m), bis es mittig und gerade in der Gasse steht.

- Steuer gerade stellen und vorwärts aus der Gasse ausfahren.

Schauen Sie sich das Manöver „Wenden auf engem Raum" als Lernvideo an:

KURSGERECHTES AUFSTOPPEN

Unter kursgerechtem Aufstoppen wird das Anhalten beziehungsweise das Stoppen eines Fahrzeuges unter Einsatz der Schraube verstanden. Kursgerecht bedeutet hierbei, dass sich der Kurs des Fahrzeuges beim Aufstoppen nicht verändert.

Abb. 181: Manöver – Kursgerechtes Aufstoppen

Dies wird dadurch erreicht, dass der Rückwärtsgang kurz eingelegt wird, gegebenenfalls zusätzlich unterstützt durch ein kurzes Gasgeben. Durch die umgekehrte Drehrichtung wirkt die Schraube der Vorausfahrt des Fahrzeuges entgegen und bremst diese ab. Sobald das Fahrzeug keine beziehungsweise sehr wenig Fahrt macht, ist umgehend wieder auszukuppeln und die Leerlaufstellung einzulegen. Das Fahrzeug ist dann aufgestoppt.

FAHREN NACH SCHIFFFAHRTSZEICHEN UND LANDMARKEN

Unter Fahren nach Schifffahrtszeichen oder Landmarken wird das Fahren in Richtung einer markanten Landmarke verstanden. Die kann beispielsweise ein

Kirch- oder Leuchtturm, eine Hafeneinfahrt oder ein Schifffahrtszeichen sein. Der Kurs soll dabei direkt und ohne Schlingern des Fahrzeuges gefahren werden.

Im Wesentlichen handelt es sich um das gleiche Manöver wie das Pflichtmanöver „Fahren nach Kompass", mit dem Unterschied, dass der Kurs keine geografische Himmelsrichtung ist, sondern ein Schifffahrtszeichen oder eine Landmarke.

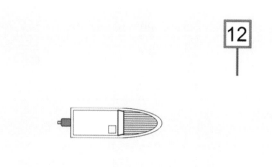

Abb. 182: Manöver – Fahren nach Schifffahrtszeichen oder Landmarken

ANLEGEN VON SICHERUNGSMITTELN

In der Prüfung wird möglicherweise von Ihnen verlangt, dass Sie Sicherungsmittel wie eine Rettungsweste oder einen Sicherheitsgurt sicher und zügig anlegen können. Hierbei ist zu beachten, dass es unterschiedliche Verschlusssysteme gibt.

> Wichtig: Achten Sie darauf, dass Sie in Ihrer praktischen Ausbildung das Anlegen der Sicherungsmittel gleich von Beginn an lernen. Dies sollte einer der ersten Lerninhalte im Rahmen einer fundierten Wassersportausbildung sein.

Die wichtigsten Sicherungsmittel sind die Rettungsweste und der Life Belt. Wir stellen Ihnen diese hier kurz vor. Konkret handelt es sich dabei um:

- Rettungsweste: Beim Anlegen einer Rettungsweste beziehungsweise einer Schwimmweste sollte darauf geachtet werden, dass die Größe der Rettungsweste passt. Beim Anlegen sollen alle Gurte straff angezogen werden, so dass die Rettungsweste sicher am Körper sitzt.

Life Belt: Der Life Belt ist ein Sicherungsgeschirr, um eine Person an Bord fest zu machen, um nicht über Bord gehen zu können. Er wird einerseits an auf Bord gespannten Leinen und am Körper der zu sichernden Person befestigt.

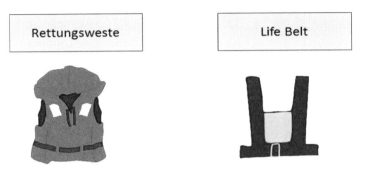

Abb. 183: Rettungsweste und Life Belt

MANÖVERSCHALLSIGNALE

In der Prüfung wird teilweise von Ihnen verlangt, dass Sie ein Schallsignal geben sollen. Hier sehen Sie nochmals die drei wichtigsten Manöverschallsignale und ihre Bedeutung. Diese werden auch in der Prüfung geprüft:

Ein kurzer Ton: „Kursänderung nach Steuerbord"

Zwei kurze Töne: „Kursänderung nach Backbord"

Drei kurze Töne: „Maschine läuft rückwärts"

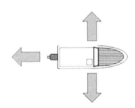

Schallzeichen	Darstellung	Bedeutung
Ein kurzer Ton	●	Kursänderung nach Steuerbord
Zwei kurze Töne	● ●	Kursänderung nach Backbord
Drei kurze Töne	● ● ●	Maschine läuft rückwärts

Abb. 184: Manöverschallsignale

In der praktischen Prüfung müssen Sie insgesamt neun Knoten beherrschen. Mindestens sechs, maximal sieben Knoten sollten Sie nach Wahl des Prüfers vorführen und erklären können. Alle Knoten, die der Prüfer verlangt, sollten auf Anhieb sitzen.

Die folgende Übersicht zeigt die neun Knoten, die Sie können müssen:

Knoten	Darstellung	Verwendung
Achtknoten		Der Achtknoten wird an Enden von Schoten verwendet, um das Ausrauschen an Ösen und Blöcken zu verhindern.
Kreuzknoten		Der Kreuzknoten wird zum Verbinden zweier gleich starker Leinenenden verwendet.
Einfacher Schotstek		Der Schotstek wird zum Verbinden von zwei ungleich starken Leinenenden verwendet.
Doppelter Schotstek		Der doppelte Schotstek wird zum Verbinden von zwei ungleich starken Leinenenden verwendet.
Webleinstek		Der Webleinstek wird zum Festmachen beispielsweise an Stangen oder Pollern verwendet.

Webleinstek auf Slip	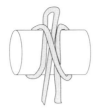	Der Webleinstek auf Slip hat die gleiche Funktion wie Webleinstek ohne Slip. Er kann jedoch leichter gelöst werden.
Stopperstek		Der Stopperstek dient dazu, eine Leine mit geringem Durchmesser an einer anderen Leine oder Stange so fest zu machen, dass sie bei Zug nicht abrutscht.
Rundtörn mit 2 halben Schlägen		Der Rundtörn ist eine Umrundung eines Pfahls oder Ringes und dient dem langfristigen Festmachen.
Belegen einer Klampe		Das Belegen einer Klampe ist notwendig, um eine Leine fest mit dem Boot zu verbinden (über die Klampe).
Palstek		Der Palstek wird zum Herstellen eines festen Auges, das sich nicht zusammenzieht, verwendet.

Tab. 13: Übersicht Knoten

Schauen Sie sich alle neun Knoten-Videos an und lernen Sie online.

In der praktischen Prüfung müssen Sie alle fünf Pflichtmanöver, sowie mindestens zwei sonstige Manöver und sechs Knoten vorführen und ausreichend beherrschen.

Inhaber des Sportbootführerscheines Binnen unter Antriebsmaschine müssen nur die fünf Pflichtmanöver absolvieren und sind von den sonstigen Manövern und den Knoten befreit.

PFLICHTMANÖVER

Die folgenden Manöver sind die sogenannten Pflichtmanöver. Sie werden alle im Rahmen der praktischen Prüfung geprüft. Jedes Manöver muss dabei spätestens mit dem zweiten Versuch ausreichend durchgeführt werden:

- Fahren nach Kompass

- Rettungsmanöver (Mensch über Bord)

- Anlegen

- Ablegen

- Peilen (einfache oder Kreuzpeilung, siehe Kapitel 9 „Navigation")

SONSTIGE MANÖVER UND FÄHIGKEITEN

Von den sonstigen Manövern und Fähigkeiten müssen mindestens zwei von maximal drei geprüften Manövern mit ausreichendem Ergebnis ausgeführt werden. Jedes Manöver muss spätestens mit dem zweiten Versuch ausreichend durchgeführt werden:

- Wenden auf engem Raum

- Kursgerechtes Aufstoppen

- Fahren nach Schifffahrtszeichen und Landmarken

- Anlegen der Rettungsweste und des Sicherheitsgurts

- Manöverschallsignale

- Knoten (siehe Kapitel 18 „Praxis Motorboot Knoten")

Von maximal sieben in der Prüfung geforderten Knoten müssen sechs mit ausreichendem Ergebnis ausgeführt werden. Die prüfungsrelevanten Knoten finden Sie in Kapitel 18 „Praxis Motorboot Knoten".